新雅教育系列

從學前至初小，

聽說讀寫

怎樣教？

把握 0 至 8 歲黃金期，讓孩子輕鬆學語文

廖佩莉 著

新雅文化事業有限公司
www.sunya.com.hk

推薦序 1 ♡

　　學習是怎樣發生的？無論知識、技能和情意的學習，都是建基於人的內在潛能以及外在環境、身處情境和社交互動。如是說，人從誕生就開始學習。家長從助產士手裏接過孩子，就成為孩子的第一對教師，家庭也成了第一個學習場所。孩子進入遊戲組、幼稚園、小學、中學，家庭仍是稚子以至少年、青年的第一處所。

　　家庭的核心人物，就是家長。家長領導孩子，教養孩子，讓孩子在安全、健康、快樂的環境成長。如小草從土壤發芽和蝴蝶從蛹殼掙脫一樣，每個孩子的成長都不輕鬆。家長要為孩子準備的，不是虛幻的必勝之路，而是善良的心靈和正向的生活態度，還有良好的學習基礎。

　　語文是學習的重要根基，家長可以從語文學習開始。

　　不少家長問：「我可以怎樣幫助孩子學好語文呢？」其實，家長是孩子的最早語文老師，自孩子出生就可以培養孩子的語文感知。然而，孩子從零歲到八歲的語文發展和需要都不同，家長應該怎樣給予適切的指引呢？

　　廖佩莉博士，是知名的語文教育學者和作者等身分。她的新作《從學前至初小，聽說讀寫怎樣教？》，正好為家長提供了教導孩子學習

語文的窾門。這書融會最新的學習理論、豐富的教育經驗，匠心的創作構想以及新穎的活動設計。

　　廖博士誨人不倦，嘉惠家長，我誠意向家長推薦這本好書。

文英玲博士

香港教育大學中國語言學系助理教授

香港家庭與學校合作事宜委員會前副主席

推薦序 2 ♡

承蒙廖博士給予機會讓我為她的新書寫序，感到萬分榮幸！

廖博士從事語文教育及研究多年，專長是研究中國語文教學及評估，她對香港中學、小學及幼稚園語文課程有深入認識，本書集結了廖博士多年教學及研究的心得。她以專業認真的態度，集合理論與實踐撰寫本書，我誠意推介給教育工作者及家長閱讀！

學中文很艱難！相信這是香港很多家長面對的問題。零至八歲的幼兒階段是培養他們對語文興趣最好的契機，為往後學習打好基礎，是學習的黃金期。但小朋友生活經驗有限，如何有效地提升他們學習中文的興趣？廖博士的新書能提供切實的方法給大家！

本書是聚焦於學前至初小階段的幼兒，將語文學習層面由學校伸展到家庭，例如：書中提及家長可從遊戲中幫助幼兒認讀文字，將幼兒名字伸延與他們的經驗連結，既能將文字與幼兒的生活聯繫起來，擴闊視野，又符合讀寫萌發之理論。

廖博士提出了兩項重要的觀念，輸入（聽和讀）及輸出（說和寫）理論，可見學語文不能一蹴而就，是需時間去浸淫，而且幼兒成長及學習也有既定發展階段，只要按步為幼兒提供適當的指引，家長可透過書中的優質親子活動，引導幼兒觀察周遭環境，將語文生活化，定必享受箇中樂趣。

我曾建議家長採用書中語文遊戲及親子活動，得到家長們的正面回應。我觀察到幼兒的轉變，欣喜他們比以往的學習更有信心。幼兒很喜歡分享自己創造的語文故事書，並獲取同伴的欣賞、認同及支持，這確實做到愉快地學習語文，是美好的語文學習經驗呢！

文淑鳳

資深中文科老師

自序 ♡

　　二十年前，我曾在香港教育學院任教幼稚園校長和教師證書課程，有很多機會接觸幼兒和幼兒教育工作者，對「幼兒語文學習」這課題產生興趣，開始做了不少相關研究。近十多年來，我在香港教育大學任教「中國語文教學法」，在國際學術期刊發表了很多語文學習的研究論文，深感到零至八歲是幼兒學習語文的黃金期，對培養日後他們學習語文的興趣和習慣有一定的幫助。這時期幼兒大腦的語言區域發展得特別快，他們吸收語言知識的能力特別強，很容易從生活環境中習得語言的規則，是學習的黃金時機。家長和教育工作者有沒有好好把握這個黃金期？

　　大多數家長都望子成龍。常言道：「贏在起跑線」。有不少家長為了好好裝備子女，刻意去安排他們參加不同的補習班和各式各樣的興趣活動，期望子女不會被其他小朋友比下去。但是，家長也要想想，當兒童疲於奔命參加不同類型的活動時，這會不會減少了親子之間的相處機會和時間呢？要注意，這也有可能因而忽略了孩子探索周遭環境事物的需要。

　　其實，語文源於生活，家長和子女相處時，可以多善用日常生活的環境，培養兒童從中漸漸建立聽、說、讀、寫的能力。親子互動和從環境中學習是促進兒童學習語文的竅門。孩子轉眼就長大，家長必須好好把握和孩子相處的日子，讓他們長大後留下美好的回憶。有了家長的陪伴，讓孩子從日常環境中輕鬆地學習語文，學習自然會事半功倍。

要培養孩子對語文學習的興趣和信心，家長必須掌握幫助孩子學習語文的要訣。當中並不需花費大量的金錢，家長只需要付出愛心、時間、耐性和恆心，好好善用環境幫助孩子學習，從而提升他們學習語文的興趣和能力。

　　本書旨在介紹家長和教育工作者如何幫助兒童從日常生活環境中培養孩子發展聽、說、讀、寫的興趣和能力。書中所指的兒童，是指年齡由嬰兒至八歲，這階段的兒童擁有好奇心、模仿力、想像力、觀察力，更重要的是他們有令人驚歎的學習能力。幼兒的語文發展，以聽說為先，讀寫為後，其中說和讀是這階段發展的重要時期，所以本書以較多篇幅在這兩範疇提出意見。本書是理論與實踐並重，其中有個案分析和親子活動的建議，分析如何在日常生活中運用書中的理論，讓家長可以從中了解促進兒童學習語文的方法。

　　懷着感恩心情寫這本書，期望家長和從事教育工作的朋友能運用這些要訣，多從生活中培養兒童喜愛學習語文，開啟孩子通往知識的大門。這本書獻給廣大的家長和教育工作者，願大家能多親近子女，多了解孩子的需要，讓他們樂在其中學習語文。讓學習語文變成有趣、開心和溫馨的活動。

　　最後，承蒙文英玲博士和文淑鳳老師在百忙中為本書寫序、新雅文化事業有限公司精心策劃出版工作、俊俊和知樂小朋友提供畫作，在此一併致謝。

廖佩莉博士

目錄

推薦序 1 *2*

推薦序 2 *4*

自序 *6*

🔍 **第一章** 啟發兒童學習語文的竅門

1. 親子活動的重要性 *14*

2. 如何建立更緊密的親子關係？ *16*

3. 從環境和親子互動中學習語文 *17*

4. 把握機會營造豐富的語文學習環境 *18*

🔍 **第二章** 兒童聽、說、讀、寫的發展階段

1. 學前階段（嬰兒期、學步期）聽、說、讀、寫的發展 *24*

2. 幼稚園階段（幼兒期）聽、說、讀、寫的發展 *28*

3. 初小階段（小學一、二年級）聽、說、讀、寫的發展 *35*

4. 零至八歲黃金八年的語文發展概要 *38*

🔍 **第三章** 促進兒童的聆聽能力

1. 怎樣為學前階段的孩子提供豐富的聆聽材料？ *44*

2. 如何讓故事變得立體？給孩子講故事的技巧 *46*

個案分析

個案一：怎樣教孩子專心聆聽指示？ *51*

個案二：外出體驗對孩子有何重要？ *52*

個案三：孩子常常忘記家長的話，怎麼辦？ *53*

親子活動

活動一：**猜聲音**（活動目的：訓練孩子的聆聽理解能力） *54*

活動二：**學習收拾玩具**（活動目的：訓練孩子聆聽指示） *55*

活動三：**點餐小任務**（活動目的：訓練孩子的聆聽能力和培養專注力） *56*

 第四章 幫助兒童説話的要訣

1. **怎樣幫助孩子加強説話能力？** *58*

2. **如何協助孩子豐富詞彙量，加強口語表達能力？** *59*

3. **親子對談的技巧** *62*

4. **與兒童對談的七大要訣** *68*

個案分析

個案一：家長可如何和孩子展開話題？ *72*

個案二：怎樣辦？孩子説話態度不好。 *73*

個案三：長輩跟孩子説話時，有什麼地方要注意？ *74*

親子活動

活動一：**樂在其中**（活動目的：訓練孩子的聆聽和説話能力）　*75*

活動二：**電話對話**（活動目的：訓練孩子的説話技巧）　*76*

活動三：**説故事**（活動目的：訓練孩子的口語敘述能力）　*77*

第五章 開啟兒童閱讀興趣

1. 怎樣吸引孩子投入閱讀？　*80*

2. 如何營造閱讀氣氛，幫助兒童養成良好的閱讀習慣？　*86*

3. 怎樣為不同階段的兒童選書？　*88*

4. 如何從日常生活取材，培養孩子的閱讀能力？　*97*

5. 親子共讀的秘訣錦囊　*102*

個案分析

個案一：寶寶喜歡撕書，家長應該怎樣做？　*105*

個案二：孩子對閱讀不感興趣，應該怎樣吸引他閱讀？　*106*

個案三：孩子要求買的書，家長應該全部買下嗎？　*107*

親子活動

活動一：**「悦」讀寶寶自己的書**
　　　　（活動目的：讓孩子愉快投入閱讀）　*108*

活動二：**數路牌標誌**（活動目的：讓孩子從生活中學習詞彙）　*109*

活動三：**齊來做果凍**（活動目的：讓孩子接觸實物，輸入語言）　*110*

第六章 讓兒童愛上「寫」

1. 兒童學習執筆寫字前，要做什麼準備？ *112*

2. 怎樣培養孩子的寫字興趣？ *114*

3. 怎樣培養孩子的寫作能力？ *116*

個案分析

個案一：孩子抗拒寫字，怎麼辦？ *120*

個案二：砌積木遊戲對孩子的語文學習有何幫助？ *121*

個案三：怎樣幫助孩子適應寫手冊？ *122*

親子活動

活動一：打保齡 (活動目的：訓練孩子的手眼協調) *123*

活動二：創作符號和製作清單
(活動目的：培養孩子的創造力和表達能力) *124*

活動三：自製繪本 (活動目的：培養孩子的創造力和寫作能力) *125*

第七章 結語：常見的疑難

1. 培養兒童的語文能力和語文涵養，哪個更重要？ *128*

2. 家長在兒童打好語文根基上扮演什麼角色？ *132*

3. 常見問與答 *135*

參考資料 *136*

第一章

啟發兒童學習語文的竅門

第一章：啟發兒童學習語文的竅門

親子 + 環境 + 互動 = 兒童學習語文的竅門

孩子是父母的寶貝，家長都望子成龍，希望孩子學好語文，成就美好人生。那麼，家長該怎樣幫助孩子打好語文學習基礎呢？家長若能把握孩子的黃金成長期，多陪伴孩子，與他們多溝通，主動啟發他們在日常生活環境中領悟、愉快地學習語文，學習效果一定能事半功倍。這就是兒童學習語文的竅門。

1. 親子活動的重要性

親子活動有助兒童的心智發展。自出娘胎以來，嬰兒主要是跟父母和親人接觸，所謂耳濡目染，**家庭環境對個人成長的影響是不容忽視的**。家庭是孩子成長的搖籃，而家長是孩子第一位教師和學習的對象，因此，家長應該要好好掌握時機，適時引導學習，因勢利導。

1.1 把握與孩子一起共同成長的機會

孩子成長得很快，嬰兒從呱呱落地起，到他會牙牙學語、懂得開步、入學就讀，只是短短幾年間的事。當孩子長大，到了不再依賴父母的年紀時，他們有了自己的朋友，可能與家長已沒那麼親近。

1.2 為兒童留下美好的童年回憶

你可記得兒時和父母一起度過的童年生活點滴嗎？例如，聖誕節

和父母布置聖誕樹、過新年一起辦年貨、中秋節玩燈籠等。雖然時光不能倒流，但是童年時這些溫馨的親子相處時光往往已留在心底，不經意地藏在孩子的心坎中，成為他日後遇上困難時的正能量。

1.3 為家長留下與兒童交往的回憶

親子活動能帶給家長美好的回憶。當兒女長大了，作為父母的你仍會記得和孩子溫書考試的情景。我媽仍記得和我默書的趣事，現在對她來說仍然歷歷在目！小朋友一般都會怕默書，但我卻相反，我總是要她幫我默書四、五次才罷休。每當她回憶說起這件趣事的時候，都是面帶笑容的呢！

1.4 有助促進兒童的語文發展

親子活動注重與兒童互動和溝通。**在雙方互動和溝通的過程中，營造出一個輕鬆的語言環境，促進孩子在言談間建立學習語文的基礎。**親子活動有助兒童的語文發展，與人相處的技巧。但是，很多家長卻忽略了這課題。到底父母該如何進行親子活動？如何在親子活動中促進幼兒語文的學習呢？這是本書的重點，在第三至六章節有詳細的交代。

2. 如何建立更緊密的親子關係？

親子活動並不單指是家長和子女一起相處，也是一種家長與孩子交往和溝通的重要手段，有助建立更緊密的親子關係。家長可以從行為、語言和思想上入手，拉近親子的距離。

2.1 在行為上

家長平日應該多花時間親近子女，陪伴孩子玩耍，拉近距離。例如一同參加運動會、一起旅行等。**家長投入參與親子活動，對孩子來說是一種認同和支持。**若家長答應了孩子參加學校舉行的活動，就要信守諾言，否則孩子會非常失望，破壞了親子關係。若家長不能履行諾言，也應盡量在事前告訴孩子原因，讓孩子感到被尊重。

2.2 在語言上

家長要**多跟孩子對話，多提問，互相溝通交流。**很多家長說話時，忽略了給孩子回應的機會。溝通是相向的，不單是由家長說，子女聽；而是子女說，家長也要聽。所謂語言上的親子，是從對話中了解彼此的想法。家長和孩子的對談就像打乒乓球，互相有呼應的。

2.3 在思想上

有了語言上的親子交流，家長就能深入了解孩子的所思所想，更能站在孩子的立場關心和愛護他們。父母要理解孩子的想法，這正如孩子也要嘗試摸索父母的想法，去了解父母對他們的期望。

行為、語言和思想三方面是環環相扣，互相影響的。家長宜多參與孩子的活動，在過程中自然會多交談，了解更多子女的想法。而子女也能從家長的言談中加深認識周遭的人和事，除豐富知識之外，也引起探索環境的興趣。

3. 從環境和親子互動中學習語文

　　雖然兒童學習語文的能力是天賦的，但也需要後天的栽培。語文學習是來自日常生活環境的習得。隨着孩子的成長，他們開始探索周遭環境。

　　「環境」是指孩子身邊的人物的話語和事物，他們從環境漸漸累積語言。為了應付生活，嬰孩開始牙牙學語，例如餓了，便發出呼喚大人的訊息。孩子會漸漸學懂探索身旁人物的話語，留心聆聽，也會嘗試理解四周的文字、圖畫和符號。孩子藉由跟周遭環境的互動，便能建構語言的基本能力。入學後的兒童更能進一步發展他們的語文能力。

　　學習語文有兩個重要觀念：「輸入」和「輸出」。語文學習源於生活。家長要讓兒童在生活中有適當的「輸入」。所謂「輸入」，是指幼兒從「周遭環境」探索，從而獲得知識。對兒童來說，他們從環境中觀察、聆聽和學習，認識文字、符號，甚至是領略文字的功用，繼而從閱讀中學習新知識。兒童必須在生活環境有足夠的「輸入」，才能有「輸出」。

　　所謂「輸出」，是指兒童能將從生活中「輸入」的知識，將它應用在生活中。從幼兒學習語文的角度來說，他們能用話語、寫字和圖畫來表達自己。在幼兒未入學前，他們學習語言的動機是語言能幫助他們應付生活的需要，能從中探索環境和獲得知識。孩子從生活中領悟和學習語言規則（輸入），並漸漸學習說話（輸出），他們的表達能力也會隨之發展。

到了入讀初小的年紀，兒童已具有一定的語文能力。所謂「語文能力」，是指閱讀、説話、聆聽和寫作的能力。其中，聆聽和閱讀是「輸入」的重要元素，説話和寫作是「輸出」的重要一環，即是兒童的表達能力。學習語文，必須讓兒童多聆聽和多閱讀，才能加強他們的口語和書面語的表達能力（即說和寫的能力）（見下圖）。

要打好幼兒的語文基礎，家長和幼兒工作者必須為幼兒提供足夠的輸入機會（即是讓幼兒多聆聽和多閱讀），才能加強他們的輸出能力（即是口語和書面語的表達能力）。

4. 把握機會營造豐富的語文學習環境

要幫助孩子學習語言成為口齒伶俐的寶寶，家長就要好好掌握「輸入」和「輸出」的概念，多進行親子互動。親子活動是家長與兒童交往的珍貴體驗。親子活動很多樣化，例如在嬰兒期，家長和寶寶説話、唱兒歌、進行親子閱讀等。到了孩子入學時，父母可以把握送孩子上學、一起吃飯、看電視的相處時間，跟孩子多溝通。家長只要平日盡量多花時間與孩子説話和進行閱讀，孩子便能從生活中領悟到語言的規則、變化和結構，這對他們日後發展讀寫的能力將有很大的幫助。

當兒童感受到學習的過程有趣，他們才會主動投入，樂於學習。家長可以從以下兩方面着手，提供豐富的語言環境，以提升孩子學習語文的興趣。

4.1 一切從生活樂趣開始

我們的生活離不開語文，在日常生活環境中的圖畫、符號和文字都是很有趣的，親子活動可以從生活和遊戲着手，家長多跟孩子進行語文學習遊戲，吸引孩子注意閱讀周遭的文字。

4.2 善用環境學習：家長有意和無意的創設情境

a. 有意的情境

家長可以有意地創設豐富的語言環境，引導孩子學習。例如在家中可以擺放小書櫃，每天有固定的時間進行親子共讀，讓孩子養成閱讀習慣。家長又可以在家中貼上圖文並茂的掛圖和字卡，並和孩子玩遊戲，幫助兒童學習字詞。

家長可有意地請兒童留意回家途中的四周事物，例如招牌、街道名、路牌等，可和孩子一起玩遊戲，例如數招牌、看餐單猜食譜，讓孩子接觸更多的詞彙，同時培養他們察覺生活上文字的應用。

b. 無意的情境

家長可以利用日常生活的情境，多跟孩子進行互動，刺激孩子學習語言。家長要主動抓住生活中各種需要表達的機會，引導孩子多認讀一些文字。

家長也可以無意地進行環境閱讀，例如和子女一起閱讀大廈通告、罐頭上的招紙、宣傳單張、玩具說明書等；又可以和孩子一起填寫申請表格、一起在行事曆記下重要的日子和事項，這些生活小事都是讓孩子接觸文字的機會，鼓勵他們探究文字的意思，從而認識更多文字和明白它們的功用。

要幼兒常常接觸文字，並不是單要他們認識和運用文字，更重要的是要讓孩子察覺到文字的音義和功用，感受到文字的有趣和實際用途，明白文字在日常生活的重要性。從而燃起他們探索文字和書本的興趣。到了入讀小學的時候，他們便有更大的機會主動閱讀圖書，開啟知識之門。

為了讓讀者有條理地清楚理解如何培養兒童學習聽、說、讀、寫的能力，本書會分開描述各範疇的內容。但事實上，這四個範疇的發展是相輔相成的：兒童先會聆聽，然後才發展說話、閱讀和寫作的能力。家長可以鼓勵孩子多看書並給孩子講故事，這既可加強孩子的閱讀和聆聽能力，也可鼓勵孩子學習說話。家長甚至可從旁幫助孩子將他們的口語轉化為文字，作為寫作的開始。

給家長的話 ♥♥

請不要看輕幼兒的語言能力！兩歲多的兒童已能開始說出故事中的事物名稱，慢慢地變得能理解簡單的故事情節。五至六歲的兒童，口語詞彙已達三千多個，只要家長在日常生活中多啟發兒童學習語文，他們會學得更多，享受學習語文的樂趣！六至八歲兒童有了一定的閱讀能力，有自己最喜歡的故事。他們從閱讀中學習，後來漸漸地從親子共讀到自行閱讀，開始了自主學習，這對小學階段的學習有一定的幫助。

第二章

兒童聽、說、讀、寫的發展階段

波波～

咿咿 呀呀.

第二章：兒童聽、說、讀、寫的 發展階段

　　很多人以為當兒童入讀小學時才會真正開始學習語文。其實，兒童學習語文的黃金期是在八歲前，嬰兒自出世後，已不斷探討周邊的人和事，循序漸進發展其語文能力。「語」是指兒童的語言，「文」是指寫的文字；孩子入讀小學後，「文」是指他們的寫作（即作文）。

　　學習語文的黃金期分為三個階段：學前階段（嬰兒期、學步期）、幼稚園階段（幼兒期）、初小階段（小學一、二年級）。學前階段是指約零至兩歲的嬰兒；幼稚園階段是指約三至五歲的幼兒；初小階段是指約六至八歲的兒童。家長要了解孩子在不同的年齡階段的發展特徵，才能更有效地幫助他們學習。

　　孩子在學前的語文發展是很重要的，以聆聽和說話發展為先，然後才建構閱讀和寫字的能力。孩子的語言發展有早有遲，有些幼兒約兩歲已口齒伶俐，對答如流，有些則會稍遲開始說話表達。語文能力的發展因人而異，本章以階段來區分兒童的學習，目的是為了說明兒童的語文發展並不是達到某一年齡即一蹴而就，而是漸漸發展和積累的。一般來說男孩的語言發展可能較女孩稍遲，家長不用過分擔心自己的孩子暫時落後於其他孩子。若家長對孩子的語言發展有疑問，可以諮詢言語治療師的意見。

本章節以一位男孩子俊俊由嬰兒至初小階段學習語文的發展，包括聆聽、說話、閱讀和寫字及其後初小的寫作能力，供讀者參考。

　　七年多以來，筆者觀察了俊俊的語文發展並進行了分析。聽、說、讀、寫能力的發展是互有關連，在學習上可互相促進，某些範疇是可以同步發展，相輔相成的，例如幼兒的聽和說、說和讀、初小階段的讀和寫等。雖然語言發展不能很明確地割裂為個別的聽、說、讀、寫，但為了讓讀者更清楚明白各範疇發展的特點，所以本章分別就個別範疇來分析。

　　選擇俊俊作觀察對象是因為他是香港典型的小朋友。根據其就讀的學校老師觀察，俊俊的心智發展正常，與一般香港的普通小朋友沒有分別。俊俊現年七歲多，於津貼小學就讀二年級。他生於小康之家，是家中的獨子。爸爸是銀行職員，媽媽是幼稚園教師。由於俊俊的父母均要上班，平日會把孩子交由婆婆照顧。晚上，他們下班後，便會接回孩子親自照顧。到了星期六、日，他們便會帶孩子到處遊玩。香港有不少家庭普遍也是父母全職工作，把孩子交由外傭或親戚幫忙照顧的。

　　俊俊一歲多時開始參加學前遊戲班（Play Group），至兩歲多時入讀幼兒班，直到五歲多時幼稚園畢業。到了升讀小學一年級，俊俊的成績中規中矩，中文成績也不錯。他喜歡游水、繪畫和跳舞，性格好動和活潑，與同學相處得不錯，但有時也會和同學吵架。

1. 學前階段（嬰兒期、學步期）聽、說、讀、寫的發展

1.1 🦻 聆聽能力的發展

由出世到兩歲的俊俊，對周遭環境很感興趣，喜歡探索環境。在初生嬰兒階段，他會很留意聆聽環境中的各種聲音，對熟悉的聲音有反應，例如爸爸、媽媽、婆婆、公公、爺爺和嫲嫲等親人的聲音。

在嬰兒階段，俊俊能判斷聲音的方向，眼睛懂得望着發聲的地方。他會尋找發聲的玩具，懂得側着頭，不眨眼地留心聆聽。當他聽到音樂，或是電視廣告，天氣報告的特別聲效，都會顯得很留心和開心。

隨着年月的增長，踏入學步期，一歲半的俊俊已能從聆聽中明白簡單的提示，媽媽請他指出身體各部分。例如：「俊俊，你的嘴嘴呢？」他會輕輕用手指小嘴。媽媽又説：「誰人要吃餅餅？請舉手。」俊俊懂得舉手回應。

他能理解與生活相關的名詞和動詞，例如：車車、燈燈、飲奶奶、洗白白、吃餅餅、吃飯飯、行過來等。值得注意是，他已開始理解「不准」的意思。當他想吃報紙的時候，爸爸搖頭說：「不准！」他會望着爸爸笑一笑，然後改為舉起手拍打報紙。有一次，俊俊在廚房門口徘徊，他很好奇，看似想要跟婆婆一起準備晚餐，婆婆望着他說：「不准！」並加上手勢示意，俊俊只好乖乖離去。過了不久，他又想再闖入廚房。

給家長的話 💕

請不要看輕學前階段（嬰兒期、學步期）幼兒的聆聽能力！這階段的孩子已喜歡聆聽兒歌和簡單的故事。例如，媽媽和俊俊唱兒歌時加上動作，逗逗他，他會很開心和興奮呢！有時，他甚至會手舞足蹈呢。

1.2 ● 說話能力的發展

嬰兒期的俊俊懂得發出哭聲，表達自己的需要，好像是要告訴成人自己的情況，發表意見。俊俊約到三至四月時，他常會發出無意義的聲音，例如：咕咕。若成人用「咕咕」回應他，他就會表現得很開心。七個月以後，他開始牙牙學語發出聲音，例如：「咿咿呀呀」，看似想要和成人說話。這聲音正是表達嬰兒的需要。

當他約一歲多，便開始說出現有意義的詞彙，當中包括有單音字、疊詞、詞組、簡單句子，以下是一些例子：

詞類	例子
單字	爸、媽、嫲、姐、啊……
疊詞	爸爸、媽媽、嫲嫲、公公……
擬聲詞	喵喵、汪汪、嘟嘟……
兩個詞組成一句或詞組	食飯飯、飲奶奶……
簡單的句子	車車入錢錢、BB睡覺覺……

俊俊約兩歲時，已很想説話，有時會隨想隨説。其後，他除了説詞語外，開始説簡單句子：車車入錢錢、BB睡覺覺、媽媽行街街等。這些句子並不完整，卻不難明白。例如：「車車入錢錢」是指「我們上巴士時要入錢。」其實他已能夠握要將意思表達了。

有時，俊俊會把語法顛倒了，讓家人忍俊不禁。例如，孩子想爸爸抱，他説：「BB抱爸爸。」當俊俊抱着玩具熊仔，他會説：「小熊抱BB。」

另外，**家長也要注意平日運用的語言會直接影響幼兒的語言發展和語言運用**。有一次，媽媽和俊俊到遊樂場，孩子一不小心跌倒，弄得手和腳撞瘀了，痛得放聲大哭。媽媽安慰孩子，給他抹眼淚。然後，俊俊含着淚，哽咽地對媽媽説：「唔該。」看着一個歲半的幼兒在痛哭的時候仍不忘感謝別人，媽媽感到十分驚訝，隨即稱讚俊俊有禮貌。其實，俊俊懂得説「唔該」是因為他的父母平日待人接物經常會這樣説，給孩子示範了如何運用；同時，他們也持之以恆地教孩子説「唔該」。孩子多聽了，自然就會模仿學習。

1.3 📖 閱讀能力的發展

約一歲的俊俊已懂得拿着書本,但是他只會當它是玩具,想探究它的用途。隨着年齡增長,俊俊到了約兩歲時已掌握如何翻閱圖書,能一頁一頁地翻書本。他有時會自己拿着書本看,自言自語。他開始建立了對書本的興趣,會注意書中的圖畫和文字,特別是有顏色的圖畫。俊俊已習慣跟媽媽一起閱讀圖書。

1.4 ✏️ 寫字的萌發

這階段的幼兒需要發展小肌肉。兩歲的俊俊常常玩泥膠,懂得用手作「搓」、「搥」、「擠」、「壓」、「拉」等動作。這些動作對孩子日後學習寫字有一定的幫助。在玩耍時,俊俊也會用手接球、拍球,並能夠準確地把不同形狀的圖案擺放到特定的地方。這些活動均可以訓練孩子的小肌肉。這是幼兒發展小肌肉期,為日後執筆作準備。

2. 幼稚園階段（幼兒期）聽、說、讀、寫的發展

2.1 🔊 聆聽能力的發展

這階段的幼兒會聆聽理解複雜的故事、句子和指令。孩子能夠從聆聽中理解不同的詞語，他們明白的詞類增多了，有名詞、動詞、形容詞、位置詞和量詞。據研究指出，兩歲以上的幼兒能聽懂約二百個日常生活的詞語。

雖然我並沒有統計俊俊能聽懂的日常詞彙數量，但據觀察所得，俊俊的表現也符合這階段的幼兒發展特徵。俊俊可以理解一些抽象的字詞，例如：「內」和「外」、「這裏」和「那裏」、「如果」等。而且，他聆聽較複雜的句子時，能夠理解一些比較抽象的概念，例如：「如果明天是晴天，我們去游水。」當俊俊日漸長大，能夠明白假設的說法，例如：「如果你是其中一隻小豬……」、「假如你是小蝌蚪……」、「如果你病了……」他能理解話語是假設的，並不真實的。俊俊在聆聽謎語時，會想像推測當中的意思，並能猜到答案，認知一些動物的特徵。

俊俊能聆聽和明白兩個部分的指令，例如：媽媽說：「拿購物袋給我，然後關門吧。」後來，他可以理解說話中包含多個步驟的指令，例如媽媽說：「你必須吃完飯，然後洗白白，我們才和你玩耍。」又例如爸爸說：「你先

收拾玩具，然後換衣服、穿鞋子，我和你上街去。」

這階段的俊俊能理解情境式的問題，例如：「下雨了，我們要帶什麼出門？」他會回答大人的提問。他又愛聽稱讚語，例如：「真叻！」「醒目！」

俊俊具備聆聽和理解故事情節的能力，他喜歡重複聆聽故事。他喜歡的故事，是百聽不厭的。有些篇幅較長，情節較複雜的故事，如一些童話故事《三隻小豬》、《小蝌蚪找媽媽》等，他也喜歡聆聽。這階段的俊俊已經懂得專心聆聽別人的說話。

《親親幼兒經典童話》系列（一套6冊）（由新雅文化出版）

這些童話故事以繽紛的圖畫為主，文字為輔，吸引幼兒閱讀。紙板書的設計，使圖書不易受損，方便幼兒重複翻閱。

2.2 ⚪ 說話能力的發展

當俊俊約兩歲多入讀幼兒小組班時，他能說出不同的詞彙，詞彙量增加了。詞彙很多樣化，例如：

詞類	例子
名詞	消防員、巴士、超市……
動詞	跑、跳、打……
形容詞	靚、乖、叻、可愛……
位置詞	這裏、那裏；上、下……
其他	在提示下，他能說「多謝」、「對不起」（Sorry）、「再見」（Bye-Bye）

至於句子方面，俊俊能夠運用句子，例如：

句式	例子
運用連接詞組合成複句	俊俊會運用「因為……所以……」他會說：「因為生病，所以要看醫生。」
回答情境式的問題	婆婆問俊俊：「你愛吃蛋糕嗎？」他立刻回答：「俊俊。」
問句	他會經常發問，因為這個階段的孩子，充滿好奇，很想找出答案。俊俊常發問出的問題是：「媽媽往哪裏去？」「爸爸呢？」

隨着年月的增長，俊俊能由句組成段：

說話能力	例子
依次序描述事情的經過	他能講述在學校的事情，早上做什麼，午餐吃什麼等等。
複述簡單的故事	講述《小蝌蚪找媽媽》的簡單情節
講述生活經驗	他能較詳細講述生活經驗，有時加上自己的想法。 俊俊對表哥說：「星期日，本來我去嫲嫲家吃飯，現在不用到嫲嫲家，表哥可來我家玩。」

三至四歲的俊俊也很喜歡配合動作唸兒歌。其實，唸兒歌是語言表達的重要一環，他能跟指示配合動作唸兒歌。雖然他的發音仍然不太清楚，語言的精確度仍不夠，語法有時也會顛倒，但也能達意。有趣的是，有些三至四歲的幼兒喜歡顛三倒四地運用新學到的詞語。

此外，當俊俊入讀幼稚園低班和高班時，他大致上說話流暢，已能用語言表述簡單和複雜的事情。

說話能力	例子
懂得說「唔該」、「多謝」	俊俊收到禮物時，說：「多謝。」
說出親人姓名、自己地址和電話號碼	他懂得說：「我爸爸叫xxx，媽媽叫xxx。」 有一次，俊俊和媽媽在商場失散了。當媽媽很焦急時，接到商場保安員來電，請她接回孩子。原來，俊俊很聰明，當他找不到媽媽時，他懂得告訴保安叔叔自己媽媽的姓名和電話號碼。

說話能力	例子
能說出周遭環境事物	俊俊能說出家附近有公園和球場，乘巴士234M可到我家。
能說出簡單謎語或常見物件的特徵	俊俊與朋友猜謎語，說：「有四隻腳，會吠的是……」
說出不同職業的人物和主要職責	俊俊會說：「醫生會醫病。」
經常發問	俊俊常掛在嘴邊：「點解呢？」
回應假設性事件	俊俊能說出假如不用上學，他會做的事情。
能和陌生人談話	小一面試，俊俊見校長時，尚算有禮貌地回答問題。
能夠詳細描述事件及個人經歷	俊俊能講述一次旅行的經歷。
能明白和複述較複雜的故事	俊俊能講述一個具情節的故事。
能描述一幅圖畫	俊俊就圖畫作表述，甚至加上推測。
跟人理論	俊俊沒做錯的，他會堅持跟你理論。當表妹拿取了他的玩具，他會據理力爭說：「這玩具是Mrs. Lui送給我的，不是表妹的。」

2.3 📖 閱讀能力的發展

俊俊入讀幼稚園時已能閱讀環境中的符號和文字，並察覺文字的功用，明白文字的重要性。俊俊在三歲時，認得的字詞不多，但卻能開始辨別環境中的符號和文字。例如，不同商店和超級市場的商標符號、圖案和文字等，因為這都是媽媽常和他去的地方。

在幼兒班和幼稚園低班時，俊俊喜歡和媽媽閱讀圖書，甚至主動要求自己朗讀故事書，他很喜歡看書中的圖畫。最可愛的是，他自己喜歡裝作懂得看書，閱讀的時間不會長，但會重複閱讀，像在模仿媽媽看書似的。

到了幼稚園低班和高班，俊俊已能閱讀一些常見的字和詞，並建立閱讀書本的興趣。喜歡看故事書，他能：

- 注意書中的圖畫和文字；
- 了解故事中事情發生的先後；
- 能討論與故事主題相關知識；
- 對故事內容提出問題；
- 在日常對話中，能自然地說出
  閱讀過程中獲得的詞語和句法。

2.4  寫字的萌發

　　在幼兒小組班和幼兒班時期，俊俊的小肌肉在發展中，不宜執着要他學寫字。這階段是幼兒寫字萌發期，他會塗鴉、繪畫、玩泥膠，而且懂得純熟地運用手作「搓」、「搗」、「擠」、「壓」、「拉」等動作，相信對他日後學習寫字有一定的幫助。

　　到了幼兒班，他開始執筆，能夠：

- 仿畫橫線、直線和圓形等。
- 嘗試填色，初時胡亂塗色，會出界。
- 能畫十字、斜線，但不工整。
- 能塗鴉，開始繪畫，表達意思。

　　到了低班和高班，俊俊在這階段的小肌肉已發展得不錯，他能：

- 能填色，而且很少出界。
- 能繪畫，表達意思。
- 能畫正方形、長方形、三角形。
- 能抄寫數字、簡單的中英文字詞。
- 高班時，有時能抄寫短句。

3. 初小階段（小學一、二年級）聽、說、讀、寫的發展

3.1 🎧 聆聽能力的發展

初小的俊俊已能記憶簡單話語中的內容，甚至能舉一反三。記得有一次媽媽和俊俊乘扶手電梯，媽媽對他說：「你和婆婆乘扶手電梯時，你不要跳，婆婆年紀大，若你跳，她會跌倒。」話畢，他隨即在扶手電梯最後一級跳了一跳，然後對媽媽說：「和你乘扶手電梯就可以跳了。」媽媽被他弄得啼笑皆非。

俊俊在日常生活中已能聽出話語中的主要信息，亦能理解影音資訊（如互聯網、影像光碟、電視節目）的內容。當他看到電視廣告的宣傳片，他會如數家珍地說：「餐廳多了新特飲口味，有菠蘿味、士多啤梨味、提子味、番石榴味……」他特別喜歡看廣告，能記憶重要的信息。

俊俊聽故事的能力也不錯，聽完故事後，能複述有關故事的情節，換言之，他能專心聆聽故事，並能掌握重要的內容。

3.2 💬 說話能力的發展

初小時期的俊俊已能發音正確，說話有條理，能清楚說出完整故事，包括故事的開端、情節發展和結局。他的語速適當，有快慢、有停頓，懂得運用不同語氣表現故事人物。例如，小白兔的說話，他用較慢和溫柔的聲線表達角色性格。

俊俊在日常生活中能運用詞語表達所想，例如：「開心」、「驚訝」、「頑皮」，甚至運用「然而」、「如果」、「其實」說出句子。而且，他亦能夠清楚描述事件及個人經歷，例如描述中包含四要素：何時、何地、何人、何事。

俊俊能與陌生人交談，當他升讀小一會跟其他孩子交談，認識新朋友並記着他們的姓名。同時，俊俊能參與課堂的小組討論，並能表達所想。俊俊樂於分享他在學校遇到的事情。在家中，爸媽和他討論星期天的好去處，他會說出自己的建議及原因。例如，俊俊想去參觀科學館，因為他的好友曾告訴他科學館可以認知很多有趣的知識。

3.3 📖 閱讀能力的發展

到了初小階段，俊俊能認讀和理解曾學過的詞語。他能概略理解篇章中簡單的順敘事件，懂得理解簡單的實用文、書信和便條，也明白其用途。俊俊自小喜愛閱讀，小二時已喜歡閱讀有情節的故事，又會評價故事人物的性格和行為。他在學校有借閱故事書的習慣，每星期都會去借書。

3.4 ✏️ 寫作能力的發展

俊俊能正確書寫詞語，但坐姿有時會不正確，常要家長提醒他寫字的姿勢。到了小一，老師開始教授課文，他已能抄寫詞語，會在工作紙上填上適當的詞語，以及運用詞語作句。他能正確運用簡單的

標點符號，例如逗號和句號。到了小二，他能作文，遇到不懂寫的詞語，他會請教老師和家長。這時，俊俊已具備了寫字能力和基本的寫作能力。

4. 零至八歲黃金八年的語文發展概要

筆者參考了香港特別行政區政府教育局課程發展議會編訂《幼稚園教育課程指引》（2017）和《中國語文教育學習領域課程指引》（2017），根據多年觀察俊俊聽、說、讀、寫的發展，大概得出一般兒童於黃金八年（由嬰孩到初小階段）的語文發展，現分別把聽、說、讀、寫各範疇的發展特徵表列如下，以供參考。（見表一至表四）

表一：聆聽能力的發展

階段	特徵
學前階段 嬰兒期、學步期	♡ 嬰兒對熟悉的聲音 ♡ 有反應，例如爸爸，媽媽和親人的聲音 ♡ 能判斷聲音的方向 ♡ 留意環境中的聲音 ♡ 明白簡單的提示，例如能指出身體各部分 ♡ 明白「不准」的意思 ♡ 喜歡聆聽兒歌和簡單故事 ♡ 明白與生活相關的名詞和動詞
幼稚園階段（一） 幼兒期：幼兒小組班、幼兒班	♡ 明白名詞、動詞和形容詞 ♡ 明白位置詞和量詞 ♡ 明白情境式的問題 ♡ 理解簡單故事情節 ♡ 明白兩個、甚至是多步驟的指令 ♡ 重複聆聽喜歡的故事 ♡ 愛聽稱讚語 ♡ 聆聽較複雜的句子 ♡ 可以理解抽象的詞句，例如相同或不相同、內和外

幼稚園階段（二） 幼兒期：低班和高班	♡ 能聆聽複雜的故事、句子和指令 ♡ 理解假設性事情 ♡ 能理解簡單謎語 ♡ 利用想像推測所聽 ♡ 能聆聽別人的話語
初小階段 小學一、二年級	♡ 記憶話語中的內容 ♡ 能聆聽和理解較複雜的故事、句子和指令 ♡ 能聽出話語中所表達不同的感情，例如開心，憤怒 ♡ 能專心聆聽別人的說話

 ## 表二：說話能力的發展

階段	特徵
學前階段 嬰兒期、學步期	♡ 初生時，懂得發出哭聲 ♡ 約三至四月可發出無意義的聲音 ♡ 約七個月以後，會發出牙牙學語的聲音「咿咿呀呀」 ♡ 約一歲多，出現有意義的詞彙。例如：「爸爸」、「媽媽」、「嫲嫲」、「公公」 ♡ 單字、重疊的單音。例如：「靚靚」、「燈燈」 ♡ 物件或動物聲音做其名稱：「喵喵」、「汪汪」、「嘟嘟」 ♡ 歲半後，隨想隨說，語法顛倒 ♡ 兩個詞組成一小句，例如：「食飯飯」、「飲奶奶」 ♡ 簡單句子，例如：「車車入錢錢」
幼稚園階段（一） 幼兒期：幼兒小組班、幼兒班	♡ 詞彙增加，例如：名詞、動詞、形容詞、這裏、那裏 ♡ 運用連接詞組合複句，例如：「因為……所以……」 ♡ 在提示下能說「多謝」、「對不起」 ♡ 回答情境式的問題 ♡ 能較詳細講述生活經驗

	♡ 經常發問
	♡ 複述簡單的故事
	♡ 能依次序簡單描述過去發生的事情
	♡ 語言的精確度仍不夠
	♡ 發音不太清楚，但也能達意
	♡ 配合動作唸兒歌
	♡ 配合動作、表情和適當聲量說話
	♡ 隨想隨說，有時語法顛倒
幼稚園階段（二） 幼兒期：低班和高班	♡ 能明白和複述較複雜的故事
	♡ 能說出簡單謎語或常見物件的特徵
	♡ 回應假設性事件
	♡ 能夠詳細描述事件及個人經歷
	♡ 跟人理論
	♡ 說出親人姓名和自己地址
	♡ 說出不同職業人物和他們的職責
	♡ 經常發問
	♡ 能和陌生人談話
	♡ 懂得說「唔該」、「多謝」
	♡ 能說出周遭環境事物
	♡ 能描述一幅圖畫
	♡ 大致上說話流暢，有時語法顛倒
初小階段 小學一、二年級	♡ 說話有條理
	♡ 發音正確
	♡ 語速適當，有快慢，有停頓
	♡ 能運用不同詞氣說話
	♡ 能運用詞語表達所想
	♡ 能夠清楚詳細描述事件及個人經歷
	♡ 能清楚講述故事
	♡ 能主動與人交談
	♡ 能參與小組討論
	♡ 有禮貌地說話

表三：閱讀能力的發展

階段	特徵
學前階段 嬰兒期、學步期	♡ 掌握如何正確地翻閱圖書 ♡ 能一頁一頁地翻書本 ♡ 喜歡和成人閱讀圖書 ♡ 主動要求成人朗讀故事書 ♡ 自己裝作看書
幼稚園階段 幼兒期	♡ 能辨別環境中的符號和文字 ♡ 能閱讀一些常見的字和詞 ♡ 開始建立對書本和閱讀的興趣 ♡ 在日常對話中、能說出閱讀過程中獲得的詞語和句子 ♡ 能了解故事中事情發生的先後 ♡ 注意書中的圖畫 ♡ 能討論與故事主題相關知識 ♡ 對故事內容提出問題
初小階段 小學一、二年級	♡ 能認讀和理解所學詞語 ♡ 能概略理解篇章中簡淺的順敘和倒敘事件 ♡ 能理解簡單的實用文，例如書信、便條 ♡ 能評價故事人物性格和行為 ♡ 喜歡閱讀

 ## 表四：寫作能力的發展

階段	特徵
學前階段 嬰兒期、學步期	♡ 玩泥膠、懂得用手作「搓」、「搥」、「擠」、「壓」、「拉」等動作 ♡ 約兩歲時想嘗試胡亂塗色

幼稚園階段 幼兒期	♡ 能填色，初時胡亂塗色，後期填色較少出界
	♡ 能畫十字、斜線
	♡ 能繪畫，能畫正方形、長方形、三角形
	♡ 能繪畫或塗鴉表達心中所想
	♡ 能用間尺畫直線
	♡ 能抄寫數字及簡單的中、英文字詞
初小階段 小學一、二年級	♡ 能正確書寫詞語
	♡ 能運用詞語
	♡ 能運用簡單的標點符號，例如：逗號、句號
	♡ 能作句和作文
	♡ 能用圖畫、符號代替不懂寫的詞語

上述記錄了俊俊近八年的語文發展，這是個別的例子。每個小朋友發展的進度是獨特的，發展步伐有快有慢。**女孩與男孩發展有一定差異，女孩比男孩口語表達能力較強，獨生子女比有兄弟姐妹的兒童語言能力的發展亦較遜。兒童的家庭背景及其照顧者影響最大。**

給家長的話 ♥♥

　　幼兒的語文發展，一般都是由先聽後說，由讀到寫，由塗鴉到寫。在學前階段，孩子的語言學習，當中大部分時間是從跟家長互動的過程中學習所得。家長多和幼兒溝通，給予幼兒的幫助和關懷是幼兒黃金八年語文發展的重要關鍵。

　　另一重要關鍵，是家長必須讓孩子對語文產生興趣。兒童在不同階段的語文發展速度各有不同，有些幼兒語言發展較快，有些則較慢；正如有些幼兒十個月已懂得行，有些則要到一歲多。每個兒童的發展都是獨特的，所以家長可以因應孩子的能力和喜好，來培養他們對語文產生興趣。

第三章
促進兒童的聆聽能力

第三章：促進兒童的聆聽能力
豐富兒童聆聽能力的妙法

　　說話和聆聽能力是自小培養的。美國心理學家鮑厄（Bower）指出由於嬰兒接受振動頻率的範圍大，成人聽不到的某些尖細聲音，嬰兒都能聽到，所以不要看輕幼兒的聆聽能力。聆聽能幫助兒童的認知和語言發展。

　　就兒童認知的發展而言，聆聽是兒童感知和理解語言的行為表現，他們從聆聽中學習，產生好奇心，引發學習動機。聆聽又能令兒童對世界有清楚的認識及形成概念。就語言學的發展而言，聆聽能使他們注意到聽進去的字詞以及學習如何使用這些字詞，有助語言的發展。既然聆聽是那麼重要，家長可如何豐富兒童的聆聽能力呢？

1. 怎樣為學前階段的孩子提供豐富的聆聽材料？

　　第一章談及的「輸入」、「輸出」是學習語文重要的概念。「輸入」是指兒童從「周遭環境」獲得的知識，從語文學習的角度來看，兒童從閱讀、觀察和聆聽中學習新知識。「輸出」，是指兒童能用說話和寫作（又或塗鴉、寫字）來表達自己。很多家長以為「輸入」是單指兒童閱讀，從閱讀中學習；其實，聆聽也是「輸入」知識的重要一環。兒童在日常生活中聆聽別人的話語和不同的聲音時，會不知不

覺地從中學習。

對於學前階段的幼兒，家長可多豐富他們的聆聽能力。例如聆聽的「輸入」可包括：開燈、關燈聲、救護車響號、爸爸媽媽的聲音、動物叫聲和對話聲等。當幼兒日漸長大，他們能分辨不同人物的聲音，例如爸爸和媽媽的聲音是不同的、婆婆與姐姐的聲音也有分別的。當孩子漸漸成長，會嘗試在日常生活中理解話語。當他們累積不同環境的聲音和話語的輸入，假以時日便能打好基礎，建立起說話能力。**要幼兒學好說話，必需先要讓他們從聆聽中汲收儲備說話的素材，為說話作準備。**

兒童在豐富的語言環境中才能保持對語言的敏感度。幼兒專家陳光說過：「父母要讓寶寶在童趣中學習語言，因為生活在單調環境中對寶寶語言的發展是極為不利的，要為寶寶盡量創設不同的生活環境，讓寶寶見得多、聽得多，這樣寶寶才會有語言的素材可說。」

要創設不同的生活環境，家長可以多鼓勵孩子留意周遭的環境。**在出外時，家長不妨多和孩子對話，讓孩子聆聽不同的聲音，激發孩子對環境的好奇心。**例如，讓孩子注意不同交通工具所發出的聲音、電車的「叮叮」、單車的「鈴鈴」、電單車行駛時發出的聲音、巴士行駛的聲音、街市裏的叫賣聲和車廂裏的廣播等等。

當幼兒日漸成長，家長可多告訴孩子自己對事物的想法，一方面可令孩子多明白家長的意見，另一方面可加強親子的關係。例如，當媽媽見到有些小朋友在商場亂跑大叫，可告訴孩子這些小朋友的行為是不當的，這樣的喧嘩是很令人討厭的，好讓幼兒明白什麼是「喧嘩」聲，「喧嘩」這個詞的意思。同時，也讓他明白媽媽對「喧嘩」聲的看法。若是初小學生，他們能明白媽媽的說話是期望他不要在公共地方喧嘩。

家中常充滿溫馨的對話，有助幼兒學習語言的發展。相反，家中成員沉默寡言，只懂得默默看手機。兒童聆聽材料有限，他又怎能有良好的說話能力呢？另外，家中有兄弟姊妹的孩子，弟妹的聆聽和說話能力一般相對會發展得較快。假如，有兩兄妹，年齡分別是五歲和三歲。五歲的哥哥很喜歡說話，較年幼的妹妹常聆聽哥哥的話，妹妹的聆聽和說話能力相對會發展得較快。原因是她常聆聽哥哥說話，潛移默化，觀察他的行為，以哥哥為學習榜樣。

2. 如何讓故事變得立體？給孩子講故事的技巧

幼稚園和初小階段的兒童常常聽故事，有助加強他們的理解能力，讓他們從中認識不同的詞彙，培養語感和學習語法。這是語言的「輸入」，有助孩子的語言能力發展。

跟孩子說故事時，若只是依書直說，孩子未必投入聆聽故事，**家長可嘗試將故事變得有立體感，以豐富孩子的聆聽能力。**家長如何將書本平面的文字變為具立體感的故事？家長可嘗試下列方法增加幼兒聆聽故事的興趣：

2.1 加入擬聲詞

兒童故事中有很多動物、人物和事物都是很有趣的，但大部分故事書沒有發聲或朗讀功能。在講故事時，家長宜多用擬聲詞說話，

吸引孩子聆聽故事的興趣。例如模仿動物的叫聲：公雞「喔喔」叫、山羊「咩咩」叫、小狗「汪汪」叫；形容大自然的聲音：小水滴「滴答，滴答」下來了、「嘩啦嘩啦」下雨了、「隆隆」打雷了、「呼呼」風聲、肚子餓「咕咕」叫等等。

家長在說簡單的故事時，還可以利用動作、聲線和語調的配合，以增加故事的現場動感，抓緊孩子的注意力。例如：「大狼滾下山了」在這句子裏，我們可加上適當的擬聲詞，說「大狼隆……隆……隆……隆地滾下山了。」當家長說到「小豬拍門」，加入「嘭……嘭……嘭……」的聲音，還可以一邊加入動作，用手拍桌子模仿拍門的聲音。有了這些生動的講故事技巧，就能吸引孩子的注意，讓孩子愛上聽故事和閱讀。

2.2 加入顏色詞

兒童很喜歡鮮豔的色彩，家長可在故事中適當地加入不同的顏色詞，讓孩子想像豐富的畫面，提高聆聽故事的興趣。例如「小紅帽穿了一條裙子。」，可以說：「小紅帽穿了一條紅色的裙子。」

2.3 加入修辭手法

在故事中加入不同類型的修辭手法，有助孩子從聆聽中深入理解故事，分析人物的描寫。例如：「小白兔跑了。」可以改為運用比喻句：「小白兔像一枝箭跑了。」另一個例子：「小女孩的臉是紅色的」，那麼你可以一邊說話，一邊指着圖畫說：「小女孩的臉兒紅得像蘋果。」在故事中，加入修辭手法給孩子示範語言的生動和趣味，藉此豐富聆聽內容的材料，吸引孩子多專注聆聽，培養語感。

2.4 加入對話，讓角色變得活靈活現

　　為了讓孩子加深對故事情節的印象，家長可在故事中加入對話以描述人物性格。除了給年紀較小的孩子朗讀故事書中的簡單句子，家長還可以嘗試在講故事時多加對話。大家可以從一些家喻戶曉的著名童話故事入手，例如《我會説故事：獅子和老鼠》（由新雅文化出版）這個經典童話以動物為主角，故事講述兇猛的獅子放走了一隻不起眼的小老鼠。後來，小老鼠來報恩，把獅子從獵人的陷阱中拯救出來。我們可以利用對話，加以描述人物性格，從多角度形容獅子和老鼠的性格和特徵，代入主角的想法。

2.5 加入提問

《我會説故事：獅子和老鼠》：加入對話的示範

形式	例子
以活潑的聲線、表情和肢體演繹對話	（以堅定的表情和語氣，模仿小老鼠的動作） 小老鼠説：「吱吱吱！獅大哥，不要怕！我來幫你啦！」
代入主角的想法加入對白	當驕傲的獅子被困陷阱時，獅子説：「哼，憑你這一隻小小的老鼠，又能怎樣拯救我呢？」

　　有了對話，不但能令故事的內容顯得更豐富和有趣，還能加深孩子對故事情節的印象。而且，更可同時豐富家長的話語，促進孩子從中學習詞彙。

《獅子和老鼠》(由新雅文化出版)

隨着科技進步，現時有些圖書附有QR Code，方便家長用手機掃描便可以聽故事錄音。

　　家長又可用代入式的提問方法，即培養孩子運用想像力，代入文中的故事和情節去感受作者表達的內容。這些提問沒有特定的答案，卻能鼓勵孩子從故事中的人物和情節產生自己的想法。下表是以《我會説故事：獅子和老鼠》為例，家長可提出不同類型的代入式提問。

《我會説故事：獅子和老鼠》：代入式的提問示範

形式	例子
代入主角	如果你是獅子，你會放過小老鼠嗎？為什麼？
代入配角	如果你是小老鼠，你會上前幫助獅子逃出陷阱嗎？
代入角色以外的人物	假如你是小老鼠的同伴（故事中沒有這角色），你會和小老鼠説些什麼？
代入情節的發展	假如你是獅子，你會怎樣感謝小老鼠呢？

除了看圖畫故事書，家長也可以利用一些網上教育資源，例如在香港特別行政區政府衞生署網頁*《親子口腔護理樂園》部分，就有一些教孩子認識牙齒護理的小故事，家長可從網上下載故事，和兒童説故事，並作提問，鼓勵他們多動腦筋作答。

　　家長可提出不同類型的提問，兒童必須用心聆聽，才能回答。孩子懂得聆聽問題和回答，表示他的聆聽能力已不錯。這種代入式的提問較適合就讀幼稚園高班和初小的兒童。

參考資料：

香港特別行政區政府衛生署網頁《親子口腔護理樂園》故事：
https://www.toothclub.gov.hk/chi/pandc_story.html

個案一：怎樣教孩子專心聆聽指示？ ♡

新新約一歲，爸爸帶他到Play Group學習步行。這天，孩子用學行車練習。學行車是一輛造型可愛的小汽車，新新站在車內的特定位置，雙腿站在地上，隨着新新身體向前移動，汽車便向前行；隨着新新身體向後，雙腿便會向後行，汽車向後移動。爸爸指示他說：「前進，前進！」新新便步行向前，但過了一會，有一段音樂從另一課室傳來，只見新新停下來，豎起小耳朵，很留心聆聽音樂，不理會爸爸的指示。

重點分析

新新為什麼不理會爸爸的指示呢？他聽到爸爸的聲音嗎？約一歲的新新正處於對聲音的敏感期，他很喜歡聆聽不同的聲音，所以當聽到音樂的時候，他會很好奇地聆聽。若爸爸只執着要他前進，可能就錯失了新新學習聆聽的機會。爸爸不妨和新新一起聽，然後說：「音樂很好聽嗎？是《小星星》音樂嗎？」過了一會，當音樂停了，又或是新新不再想聽音樂，爸爸便可再給他指示了。

值得留意的是，爸爸也可說簡單的完整句子「新新向前行。」雖然新新約一歲，但爸爸說出簡潔的完整句子，可加強孩子聆聽句子的語感，對語句的感悟有一定的幫助。

學步期的幼兒，對聲音很好奇。家長應鼓勵幼兒多聆聽他喜歡的聲音和音樂，打好聆聽的基礎。

個案二：外出體驗對孩子有何重要？

　　四歲的俊俊乘港鐵時，常聽到廣播，他不時模仿職員的廣播，他可以一字不漏地以中英文說出「嘟嘟……嘟嘟……請勿靠近車門」等句子，雖然部分發音並不純正，但俊俊在日常生活中已無意中學習了語言，包括擬聲、複述說話的能力。更重要的是，俊俊明白這些句子是傳遞給乘客的信息，他很自然地懂得廣播中提及的港鐵站名稱，就是提醒乘客下車的地點。

重點分析

　　俊俊為什麼能流利說出鐵路站的廣播？原因是兒童學習的動機是來自要認識和探索所處環境。當俊俊身處鐵路站裏，他能夠輕而易舉地學到廣播員所說的話，因為他**察覺到與環境相關的語言和它們的功用**。環境的察覺對幼兒語言發展是很重要的。假如一個小孩從未乘搭過港鐵，他怎會說出模仿廣播員的用語？兒童很容易從環境中學習。

　　值得注意的是，俊俊原本是說「下一站是……」後來他改變了句子結構，說成「下一站下車是……」他說的與原本的廣播略有分別，甚至不合符語法。但他確實有這種擴展語言的能力，能靈活有彈性的將已能掌握的語言結構擴展到新結構，這全賴他已在環境中學習，即是在港鐵的廣播中不知不覺從聆聽中學習，並能融會貫通地應用出來。

　　幼兒期的孩子在日常生活中已不自覺地從聆聽中學習語言的結構。所以，家長要多帶孩子外出體驗，豐富他們的聆聽體驗。

個案三：孩子常常忘記家長的話，怎麼辦？

入讀小二的彤彤，總是忘記媽媽的話。初時，媽媽認為彤彤不過是年紀尚小，但後來發覺孩子總是不記得大人吩咐她要做的事情，媽媽給她氣壞了！有一次，彤彤聚精會神在看電視的卡通片，媽媽正在準備晚飯。媽媽請她看完電視後，便要洗澡，將要洗的衣服放在洗衣機，然後洗手吃飯。媽媽再三提醒她，雖然她明白媽媽的話語，但只見彤彤仍在看卡通片，好像忘記媽媽的話，媽媽很生氣。

重點分析

彤彤為什麼不理會媽媽的話？原因有很多，可能是她很喜歡看卡通片，忘記媽媽的吩咐，不專心聆聽媽媽的話，也可能是她不想跟從媽媽的吩咐。若理由是後者，媽媽必須探究原因，對症下藥。若原因是前者，媽媽可改善給與彤彤指示，她可將指示分三個重點，方便聆聽。媽媽可以請彤彤望着她，然後說：「看完電視後，請你做三件事：一是洗澡；二是將要洗的衣服放在洗衣機；三是洗手吃飯。」媽媽問她清楚了嗎？然後重複問她要做的三件事。媽媽問：「彤彤，你看完電視後，要做哪三件事呢？」若然彤彤看完卡通片後仍沒反應，也可因情況再問她，加強她的聆聽能力。媽媽須將指示分若干重點，然後複問重點，目的是幫助提升兒童的聆聽能力，這是家長常忽略的做法。

對初小兒童來說，聆聽目的是理解和記憶話語的重點。家長可將重點重複問他們，幫助記憶。

活動一：猜聲音

活動目的：訓練孩子的聆聽理解能力

　　美美八個月的時候，已很喜歡留意事物，聆聽周遭環境的聲音。嬰孩很喜歡留意在生活中不同的汽車聲和音樂，其實周遭境還有很多不同的聲音。下面是一些親子活動的建議，幫助提升孩子的聆聽能力。

遊戲方式：

家中人物的聲音：例如爸爸、媽媽、公公、婆婆、姐姐的聲音等。當家長叫孩子的姓名時，他會望着叫他的人。例如爸爸說：「誰人和你說話？」當孩子望着爸爸時，爸爸便親親他，高興地說：「對，是爸爸和你說話。」

家中的聲音：例如家中寵物的叫聲、婆婆煮食時發出打蛋聲等。家中的廚房傳來攪拌機發出的聲音，媽媽可以問孩子：「這是什麼聲音？」，然後讓他尋找聲音的來源。若孩子找到了，家長可以和孩子一起仔細觀察該事物，告訴他：「這是攪拌機發出的聲音。」

窗外的聲音：例如下雨聲和車聲。窗外突然傳來下大雨滴滴答答的聲音，媽媽說：「這是什麼聲音？」當孩子望向窗外，媽媽可以和孩子說：「這是下大雨的聲音，滴滴答答，我們要收衫了！」媽媽說出長一點的句子，並模仿下雨聲，以豐富孩子聆聽的內容，增加他們的認知能力。

活動二：學習收拾玩具

活動目的：訓練孩子聆聽指示

　　年約三歲的恩恩玩完玩具後，總是不喜歡收拾，要家長把玩具放回玩具箱。眼見滿地玩具，媽媽請孩子自行收拾，孩子又不理會，媽媽雖然氣極了，但也只好幫她整理收好玩具。

　　幼兒沒有收拾玩具的習慣，家長必須加以教導，培養孩子養成良好的生活習慣。那麼父母應怎樣將收拾玩具變成親子活動，同時又可加強幼兒的語文能力？家長可以和孩子進行「收拾玩具」遊戲。

遊戲方式：

　　首先，家長把玩具擬人化來吸引孩子的注意，讓孩子「移情」投入遊戲。媽媽指着玩具車對他說：「玩具車要回家休息了，我負責發號施令，你帶他回家（玩具箱）。」媽媽發號施令說：「玩具車要回家了。」於是，孩子便會趕快收拾玩具車了。

　　當將玩具車送回玩具箱家時，媽媽可要求他說：「玩具車回家了。」加強幼兒的聆聽能力和說句子的能力。

　　媽媽也可和孩子說一些有關回家和迷路的故事，例如《小蝌蚪找媽媽》，讓孩子代入故事中主角的感受，漸漸給孩子灌輸要幫助玩具回家的想法。

活動三：點餐小任務

活動目的：訓練孩子的聆聽能力和培養專注力

聆聽是日常生活中不可或缺的部分，家長也可以試試把握外出用餐的機會，跟孩子進行遊戲。以下的小活動可以幫助訓練孩子的專注力和聆聽能力。

遊戲方式：

上快餐店時，家長可以讓孩子嘗試接受小任務，幫忙點餐。

訓練聆聽能力：請孩子負責記着家人所選的食物，但不能用紙筆記下，要孩子用腦袋記牢。例如爸爸吃咖喱牛腩飯、媽媽吃海南雞飯、婆婆吃肉餅燕麥飯、妹妹吃海鮮意粉，他自己則吃免治牛肉意粉。媽媽也可請他幫忙記着各人選的飲品，例如爸媽喝奶茶、婆婆要中國茶等。當孩子跟父母到收銀處時，讓孩子自行點餐，說出各人要吃的食物和飲品，父母可以從旁協助和付款。

培養專注力：取了食物後，也可以請他派發食物給各人，藉此再次考驗他在聆聽時的專注力和記憶力。若孩子做得好，父母必須讚賞他，讓孩子建立自信心。

很多人認為聆聽能力單指聆聽話語內容的能力，**其實在聆聽的過程中已包含培養兒童的理解、專注和記憶力，這是發展兒童學習的重要元素。**在這活動中，兒童在日常中學習聆聽能力，無形中已培養了他的專注力和記憶力。同時，家長和孩子一起完成任務，讓他明白為家人服務的樂趣。

第四章
幫助兒童說話的要訣

幫助兒童説話最重要的要訣，是家長和兒童多對話，讓兒童從對話中學習，提升他的説話能力。**親子對談是幫助兒童説話的百寶匙。**

1. 怎樣幫助孩子加強說話能力？

兒童在一歲半至三歲的年齡，大腦皮質中支配語言的神經組織已逐漸發育成熟。這個階段是幫助他們發展語言能力的好時機。家長可以多花心思，好好利用親子互動的時間，為孩子創造學習語言的環境。

在親子對談的過程中，家長可以幫助孩子建立語言學習的架構。家長的角色，就像建築工人般為孩子的學習進行基礎建設。建築工人搭建棚架的目，是為了建立一個臨時工作平台，讓工人可以由一處到另一處地方進行高空工作。即使孩子年齡小，**家長其實也可以時刻把握珍貴的語言學習黃金時機，嘗試為幼兒提供「學習的棚架」，運用對話作為平台，幫助孩子學習語言；透過對話的形式，輔助孩子從「未知」的知識過渡到「認識」新知識。**

家長為幼兒的學習提供語言支持，以促進語言與認知的學習。在日常生活中，家長與孩子的對談，無形中家長已經為孩子搭建「棚架」，從中引導學習、澄清概念，以及糾正孩子的錯誤，已能幫助促

進他們的語言發展。

　　搭建棚架的類型有很多，在語文學習的黃金八年（0-8歲）家長應用最多的兩個棚架是：

- 回溯棚架：透過回憶舊經驗作為棚架，家長幫助孩子連繫已有知識過渡到新知識；
- 示範棚架：家長給予孩子恰當的示範。

2. 如何協助孩子豐富詞彙量，加強口語表達能力？

　　回溯棚架和示範棚架對兒童學習語文很有幫助，尤其是能幫助促進孩子的說話發展。家長只要和孩子多交談和溝通，便可幫助孩子搭建棚架，讓兒童的學習由「未知」過渡到「認識」。以下是一些例子：

2.1 不要盲目跟讀

　　隨着幼兒的成長，家長應幫助幼兒學習擴展句子，加強說話的表達能力。當幼兒未能運用完整句子表達的時候，家長可以耐心教導示範：

　　家長問：「寶寶吃什麼？」

　　（回溯棚架，回顧他已有的知識）

　　幼兒說：「蛋糕。」

　　家長補充說：「寶寶吃蛋糕。」（示範棚架）

　　（鼓勵幼兒跟着讀一次）

家長問：「蛋糕美味嗎？」

幼兒說：「美味。」

家長補充說：「寶寶吃美味的蛋糕。」（示範棚架）

（幼兒可跟着讀一次）

　　值得注意的是，在幼兒跟讀的過程中，家長需要觀察幼兒的表現，確認他理解話語的意思，從而避免孩子鸚鵡學舌或盲從跟讀。

2.2 延伸話題，連結學習

　　為了加強兒童對事物的認識，當兒童話語內容是錯誤時，家長須作更正，進行解說和示範。家長首先從對話中試探和了解孩子已有的知識基礎，然後介紹新知識，嘗試延伸話題，連結學習，擴闊幼兒的視野。

　　一般五歲的幼兒已能掌握不同的常用顏色。以下例子是家長與幼兒在對談中如何豐富幼兒對顏色詞的認知，引導他們説出一些特別的顏色詞。

家長問：「黃大仙站是什麼顏色？」

（回溯棚架，回顧他已有的知識）

幼兒說：「黃色。」

家長問：「對，那麼藍田站是什麼顏色？」

（回溯棚架，回顧他已有的知識）

幼兒說：「藍色。」

家長問：「也對，那麼青衣站是什麼顏色？」

（回溯棚架，回顧他已有的知識）

幼兒說：「青色。」

家長問：「是湖水綠色，你看看！」（更正）

（剛好到青衣站，提示孩子觀察站內的顏色。）

家長問：「青色和湖水綠色有何分別？」（讓幼兒發表意見）

家長補充：「湖水綠色比青色柔和，像湖水的顏色。」（解說）

　　家長可介紹環境中不同的顏色詞作為延伸話題，每次介紹的詞彙不要太多，一至兩個已足夠，例如：紅噹噹的大燈籠、淺啡色的木櫃等。下次家長與寶寶對話時，留意他可有說出這些新詞語。當家長和孩子看到商場廣告圖片出現湖水，家長不妨問問他哪是什麼顏色看看他會不會用湖水綠來形容。有了家長的協助和鼓勵，他說出的顏色詞再不局限於紅色、黃色、藍色、白色了。

　　家長幫助兒童建立棚架，最好是由兒童已有知識開始，然後連結學習，幫助建構新知識。家長要給兒童表達的空間和探索，明白他們所想，更要補充或更正他們的不足。這種對談，家長已無形中幫助兒童搭建棚架，讓他們從日常生活中不經意地學習。對話不但可以給予兒童的說話機會，有助兒童說話的發展，而且**在對話的過程中，家長了解兒童所知和所想，有助提升兒童的認知能力。**

3. 親子對談的技巧

家長要為兒童搭建棚架，必須要先留意兒童的話語。家長須用心聆聽，理解兒童的話，才能作出回應。**所謂對談，是雙方面的，互相聆聽對方所說，並作出回應。**但是，有些家長認為自己的話就是權威，讓他們的子女不敢多言；有些家長則事事聽從子女，過分溺愛他們，令孩子說話也霸氣十足。其實，兩者都是不適當的親子對談的態度。

3.1. 用心聆聽，理解孩子的話語

親子對談的技巧的先決條件是家長應專心聆聽兒童，嘗試理解幼兒的話。幼兒有自己獨特的想法，在成人眼中可能是不合邏輯，甚至是錯誤的。但是**只要家長用心聆聽孩子的話語，從孩子的角度去思考和理解**，也許你會發現孩子所說的未必是完全錯誤。若能理解孩子所想，家長就能更深入了解其認知發展程度，以下是一個實例：

兩歲多的安安，跟他的父母和姨媽一起上茶樓吃午飯。飯後，姨媽和安安說：「我要回家了，再見」。安安立刻說：「姨媽要睡覺了。」安安的父母立即說：「姨媽要回家，不是睡覺！」

孩子會這樣說是因為平日當父母和她逛街，準備回家時，父母常對孩子說：「你要回家睡覺了。」對孩子而言，他會認為回家就是等同需要睡覺而已。

家長必須具備同理心，從兒童角度傾聽孩子所說和所想，嘗試了解他們的想法。只有耐心地去聆聽和理解兒童的話語，家長才不致誤解孩子的話。理解孩子的想法，這是與兒童對話的基礎。若是家長總是否定他們，兒童常被誤解，便會失去自信，甚至會無端發脾氣。

就上述例子，家長可向安安解釋說：「姨媽要回家，她要煮飯給

表姐吃。你也要回家睡覺啦！」

很多人以為家長和兒童對談，是要兒童聽從大人的話語，是一種單向的溝通。其實，**家長須懂得理解兒童所說的話，雙方對話才能互相理解，產生互動，達成雙向的溝通交流。**家長注意聆聽兒童的對話，讓兒童建立自信，才是鼓勵他們多說話表達自己的良方。

另一方面，**家長也要多探究兒童的想法。**家長須多親近兒童，了解他們的想法，才能明白他們所說的話，不妨常反思：「為什麼他（小朋友）會這樣說？」多從孩子的已有經驗細想，有了這想法，家長便會更能明白兒童的想法。

3.2 家長言傳身教的重要性

成人能提供兒童一個語言學習的榜樣，**家長的話語正是兒童學習語言的對象。家長的言傳身教對嬰兒出生至五歲尤其重要。**若家長說話得體，兒童能從察覺中領悟到語言的規則、變化和結構，這對孩子的語言發展有很大的幫助。相反地，家長說話粗鄙，孩子學習語言也受感染。

曾聽過某家長有這樣做的經歷，由於他倆夫婦要上班，將孩子自幼交給家傭照顧。有一天，這對夫婦發現三歲的兒子竟然說出一句粗口，後來終於發現家傭在他們上班時，常和朋友講電話，有時會說上一兩句粗口，想不到兒子學得那麼快。**成人的話語，是兒童學習模仿的對象，所以家長必須留意自己的語言。**

亦有另一位媽媽告訴我，她一歲半的兒子，年紀小小，但動作敏捷，很喜歡爬上小書桌上，媽媽立刻把兒子抱下來，對他說：「曳曳啦！」（廣東話「曳曳」是指頑皮的意思。）過了不久，兒子又趁沒有人注意時，偷偷走到洗手間爬在馬桶蓋上。後來，被媽媽發現了，他竟然對媽媽笑笑說：「曳曳啦！曳曳！」媽媽被他弄得啼笑皆非，

可見幼兒有極大的模仿語言能力。

當兒童日漸長大，入讀小學，家長、老師和同儕的言教都能潛移默化影響他們的話語和成長。有些小學生說話的語氣總是老氣橫秋，那是因為他們不自覺地模仿了成人的語調。

兒童最容易受家長的影響，所以**家長說話內容要正面，並應注意說話要有禮貌**。有禮貌的家長才能培養出有禮貌的孩子。十個月左右的嬰兒開始是認人的階段，因此他們常接觸的人物其言行很重要。

家長是兒童學習的對象，若家長的話語充滿善意和愛心，孩子的話語也會如是。若家長的話語充滿負能量（例如諸多挑剔、語調刻薄），孩子的話語也會隨之相似。例如，家長常常很有禮貌和鄰居、管理員、清潔嬸嬸打招呼，他們的孩子在耳濡目染之下也會樂於與人打招呼，養成主動和鄰居說聲「早」。如果家長不注重禮貌，又怎能引導孩子變得有禮貌？**家長要有良好的說話態度，才能培養出兒童具有良好說話的習慣。**

當兒童升讀小學時，說話能力的發展已相當不錯。家長應特別注意說話時的言語態度。在家中與人討論時，大人會不會習慣打岔對方說話？其實大人在閒談或討論時，孩子在旁看着，會不自覺地跟隨模仿了大人的語調和說話的態度。當孩子升上小學時，學生們需要學習說話的技巧，參與小組討論。若家長個性急躁，與人談話時喜歡插嘴，大部分兒童在小組討論時也會表現得急不可待，打斷別人的話，搶着發言。成人是兒童模仿的對象，因此家長的言傳身教對兒童的語言發展（說話的用語和態度）都有莫大的影響。

3.3 正面和適當地回應孩子

　　家長給幼兒正面和適當的回應有助提升他們的説話表達能力。幼兒喜歡發表意見（説話能力其中一項），家長須積極給予正面的回應，這樣有助鼓勵和改善孩子的説話能力。

　　家長給孩子正面回應的方法有很多，主要分為「語言稱讚」和「非語言稱讚」。運用「語言稱讚」是指直接用語言稱讚孩子的表現。「非語言稱讚」是指運用身體語言表達稱讚。

a. 語言稱讚

　　常用的語言稱讚包括大家熟悉的「你真捧」、「很好」、「謝謝你」等等。這類常用的稱讚，令孩子覺得自己做得不錯，備受肯定和欣賞。但若要孩子明白被稱讚的原因，家長宜多運用「具體式稱讚」和「比較式稱讚」。

　　「**具體式稱讚**」是家長能説出孩子被稱讚的原因，**具體列舉事實**。家長又可重複描述幼兒的行為，並作具體稱讚，令孩子有成功感，建立信心。例如，當孩子很有禮貌主動跟陌生的管理員打招呼時，家長可以讚賞孩子説：「你對管理員叔叔説：早晨！你真有禮貌。很叻！」這種回應令幼兒明白自己做得好的地方。

　　至於「比較式稱讚」，那就是家長可以比較幼兒過往和現在的表現，

從而稱讚幼兒。家長可對幼兒時：「你上次遇到管理員叔叔不懂説早晨，現在你懂得主動向他説早晨。很叻！」。但值得注意是，家長只可將孩子自己的表現作比較，切勿將孩子和別的兒童表現作比較，以免造成競爭心態，為孩子帶來壓力。

b. 非語言稱讚

非語言稱讚是指家長可運用肢體、表情和動作來表達稱讚，例如：點頭、微笑、舉起大拇指等。嬰兒懂得「咿咿呀呀」時，是想表達一些意思，像是要説話。這時，家長要積極回應孩子，對他們微笑、點頭、輕拍小手，他們會很開心呢！

家長運用正面的回應（稱讚）有很多的優點。首先，幼兒的語言學習往往會被家長的言傳身教薰陶感染。家長對幼兒的正面回應是幼兒從家長身上學到的語言。當幼兒懂得模仿或學習家長，懂得運用語言來稱讚別人，其實他已具備懂得欣賞別人的心。

雖然家長運用正面的回應是很重要，但是很多家長只會一面倒讚賞幼兒，很少更正他們的錯誤，其實，這做法是有待商榷的。有時，當幼兒犯錯誤時，家長可用輕鬆的態度給予回應，例如入讀小二的孩子將「國家」誤讀為「角家」。家長可微笑地示範「國家」的「國」字發音是圓嘴的，並請孩子留意嘴形，然後和他一起試用圓嘴説出「國家」的「國」字。切忌用恥笑和諷刺的話來傷害孩子的自信心，令他們感到挫敗，因而減少説話溝通。家長應用輕鬆的態度作示範，協助糾正錯誤，讓孩子從中明白應改善的地方。

家長又可運用提問、建議、示範糾正孩子的發音。在日常生活中，幼兒常有發音不清的問題。孩子唱兒歌時，可能會出現將其中幾句歌詞含含糊糊唱出來，輕輕帶過。這時，家長不妨建議：「我們一

起唱這句，好嗎？」。例如「我是一個大蘋果」（幼兒唱不清楚的一句），家長可先作示範，然後和他們一起唱。若幼兒在唱歌時，整體表現中都是含糊地唱出歌詞，那麼大人宜每次抽出重要的字眼作矯正，避免阻礙幼兒唱兒歌的興致，打擊他們唱兒歌的信心。

4. 與兒童對談七大要訣

4.1 讓孩子累積對環境的理解，展開對談

　　家長應給幼兒多接觸不同的環境，處身不同環境，更會豐富對談的內容。家長可和幼兒在日常生活中把握時機多進行對談，例如：媽媽和孩子到超級市場購物，在途中和孩子談談準備購買的東西，引導孩子說出自己的想法，然後告訴他你的意見。**家長必須讓幼兒接觸不同的環境，累積生活體驗，幫助孩子理解語言。**一切從生活環境說起，最能引起幼童的興趣，豐富幼兒對談的內容。

4.2 注視着孩子，保持眼神交流

　　家長和幼兒交談時應注意眼神交流。父母可以蹲下來或坐下，**當幼兒看見你，互相保持眼神接觸，讓孩子有平等和舒服的感覺**，他們才樂於談話。與孩子對話時，家長要與孩子面對面，眼睛應保持水平視線，留心望着孩子，引領孩子主動表達，讓孩子建立說話的信心和意慾。

4.3 以溫柔聲線，適當微笑

　　家長和幼兒說話聲線要溫柔，才適合展開對話。有些初生嬰兒特別喜歡溫柔的聲線，討厭粗聲粗氣。用溫柔聲音叫喚嬰孩，並適當地微笑，較易吸引孩子發笑；粗魯的聲音，容易惹來嬰孩放聲大哭。透過溫馨的對談，不但能培養幼兒對家長的信任，建立互信的親子關係，而且也可提升幼兒的溝通技巧，有助培養其說話能力。

4.4 親切友善的態度

　　幼兒會不自覺地汲收學習和運用家長所說的詞彙，所以家長說話要清晰，讓幼兒聽得清楚，才能容易學到。大多數的**孩子都喜歡大人用親切的語調和他們談話**。曾有一位媽媽要求一個兩歲的小妹妹交出手上的洋娃娃。當她用強硬的語氣說：「快給我洋娃娃！！」小妹妹隨即不理會，很晦氣地將洋娃娃擲在地上，讓雙方的對話終止。若她改用親切的語調說：「請你給我洋娃娃，好嗎？」，那麼孩子才會願意親近她。即使孩子所認識的詞彙不多，也會願意跟大人展開溝通的。通過平等友善的語言，可更有效地引導孩子主動說話溝通。

4.5 適當地簡化說話，運用完整句子

　　對談是雙方面的，家長和孩子要進行溝通，互相交流。幼兒年紀小，說話能力有限，未能完整地表達所想。家長有時候會太着急教導孩子，說話信息太多了，令孩子未能理解父母的說話意思。因此，家長應適當地簡化句子長短或重複當中重要的指示，還要注意表情和語調的變化，幫助孩子理解說話的信息。最重要的是，保持語言簡潔扼要，切忌嘮叨不休。**家長應要運用完整句子與孩子溝通，讓孩子模仿學習**，藉此培養其語感，有利孩子日後學習句子結構。

4.6 適當地重複詞語或句式

　　大部分孩子都喜歡親近祖父母。因為長輩們很喜歡和孩子說話，總會即時作出回應。長輩們有時候會重複一些說話。其實，家長跟孩子溝通時，也少不了**需要運用重複的詞語或句式，讓孩子更容易明白和理解信息**。在幼兒語文教育上，為了配合孩子的學習需要，也提倡給他們灌輸重複句式，鞏固所學。當家長跟孩子溝通，也可以適時重複重要詞彙和完整的句子，強化兒童的說話能力。

4.7 不要勉強，水到渠成

　　家長須從生活中給予兒童說話的機會，但切勿要求幼兒在環境中強記一些字詞。我曾見過一位家長要幼兒讀出餐牌上「蝦餃」的英文名稱，但孩子只想吃「蝦餃」，表現出不願意跟讀詞語，於是家長懲罰孩子沒有「蝦餃」吃，結果孩子大哭一場。這種揠苗助長的做法，不但對幼兒的學習沒有幫助，反而窒礙了他們對學習的興趣。

　　對談是雙方面的，有些幼兒較文靜，不喜歡說話，家長切勿給孩子造成壓力，可以從以下幾方面入手，鼓勵孩子主動跟別人溝通：

a. 不應讓幼兒習慣用身體語言代替說話

　　家長宜多鼓勵幼兒用語言來表達意思。例如家長詢問幼兒：「香蕉好吃嗎？」，不要讓孩子習慣只以點頭或搖頭回應，同時還要教導孩子說「好味」或「不好味」，讓孩子習慣說話。

b. 從兒童的喜好着手，鼓勵他們說話

　　每個孩子的性格和喜好各有不同，有些喜歡玩，有些喜歡吃。那麼家長可針對孩子的喜好來帶起話題，引起孩子的興趣，吸引孩子主動地說話，例如和孩子談玩具和物品名稱，小朋友都愛玩具，當孩子想要選擇物件或玩具時，鼓勵孩子發聲表達，說出該物件的名稱。

c. 多以提問，鼓勵幼兒說話回答

　　家長宜多以提問鼓勵幼兒開口說話，善用各種回應的技巧，然後擴展對話，促進孩子的口語發展。例如：

　　家長問：「寶寶吃什麼？」

幼兒說：「蛋糕。」

家長問：「誰做的？」

幼兒說：「媽媽。」

家長答：「寶寶吃媽媽做的蛋糕。」

　　家長的提問能鼓勵孩子多回應，把幼兒的句子擴張增長，加強他們的語言能力。

　　在孩子入學前，家長可從日常生活對談中，讓幼兒學習日常的用語和句子。當幼兒入讀了幼稚園和小學，家長鼓勵孩子講述自己在學校發生的事情，從交談中，多了解孩子的想法，培養孩子的說話能力和與人溝通的能力。有時，和孩子談談周遭發生的事物和新聞，你會發現孩子的見解很獨特。當孩子不想說話時，家長不用勉強他們，以免弄巧反拙。

　　要培養孩子的說話能力，必須讓他們從生活中多聽多說，孩子接觸的人物最為關鍵。若有豐富的語言環境和語言表達豐富的照顧者接觸，大人多花時間幫助引導孩子說話溝通，孩子的說話表達能力也會相對發展得較好，水到渠成。

個案一：家長可如何和孩子展開話題？ ♡

　　婆婆和兩歲多的幼兒一起吃飯，孩子突然輕拍婆婆的手臂，很認真對她說：「帶你到公園。」旁人聽了，立刻指正：「是婆婆帶你到公園。」

重點分析

　　雖然家長可更正「是婆婆帶你到公園。」但從鼓勵與幼兒對話的角度來說，着眼點不是強調指出幼兒的錯誤。我們可分析為什麼幼兒會說出像成人講的話呢？因為幼兒常聽成人說：「帶你到公園。」幼兒很喜歡模仿成人的話語。他們常當自己是成人，所年紀小小的兩歲多孩子就用了成人的語調說出「帶你到公園。」其實，家長不妨欣賞幼兒的提議，稱讚說：「你真叻，你真有心。」（給與幼兒正面回應）。

　　家長可提醒孩子和婆婆到公園要緊握長輩的手，又可問孩子：「公園裏有什麼好玩的？」「你到過哪一個公園？」家長可**藉公園題材發展與孩子的對話，幫助學前階段的幼兒建立學習的棚架，**讓他們認識和學習不同的詞彙，從對話中發掘和豐富幼兒的話語內容。

個案二：怎麼辦？孩子說話態度不好。

爸媽帶着哥哥和妹妹上街，哥哥五歲，妹妹一歲。妹妹年幼愛哭，不聽話，哥哥有點憤怒大聲說：「妹妹要聽話！」爸媽不理他，繼續為妹妹抹眼淚。

重點分析

要照顧兩位小朋友，家長很容易忽略年紀較大的。哥哥很不耐煩，很大聲說：「妹妹要聽話！妹妹要聽話啊！」其實他很想幫助父母，提醒妹妹不要「扭計」，他已能做大哥哥的角色了。

爸媽應該要回應孩子，在為妹妹抹眼淚的同時，也應稱讚哥哥，說「妹妹要聽話！」給予孩子正面的回應和認同。但是，也應提醒哥哥要注意說話的語調和聲量，糾正他在公眾地方說話的聲量。爸媽請哥哥用適當的語氣說出「妹妹要聽話！」目的是訓練哥哥說話的語氣和聲量。家長可多認同孩子的想法，但也須適時糾正他的錯誤。同時，**也要讓孩子多表達自己的想法。**

家長須教導孩子說話的態度，向他解釋在公眾地方，聲量不宜過大，以免影響別人。此外，家長亦可建議哥哥提出令妹妹不哭的方法，一方面家長和哥哥一起想辦法令妹妹不要「扭計」；另一方面，可給予哥哥多表達自己想法的機會。

個案三：長輩跟孩子說話時，有什麼地方要注意？

在敏敏上小學的第一天，一早起來，媽媽幫她穿上整齊的校服，高興地參加開學禮，因為她已是一位小學生了。開學典禮完畢後，媽媽、嫲嫲和敏敏到學校附近的茶餐店吃下午茶，嫲嫲問敏敏：「你吃什麼？」敏敏興奮舉起手回答：「奶醬多、雞翼和朱古力奶。」眼見敏敏想吃那麼多食物，嫲嫲禁不住說了一句：「吃那麼多。只懂吃！」隨後又說：「你吃東西時常常弄污衣服！別弄污校服！」聽了嫲嫲的話，本來很高興的敏敏，低下頭一聲不響，變得沉默寡言了。

重點分析

嫲嫲用責罵語氣說：「只懂吃。」但對敏敏來說，就破壞她想說話的興致。加上嫲嫲用很重的語氣說「別弄污校服！」敏敏還未吃已被嫲嫲責罵，心裏很不服氣。面對這情境，當敏敏說要點很多食物時，嫲嫲可能擔心孩子吃不了那麼多，可告訴她：「我們要珍惜食物，不如我們一起分享食物吧。」她又可用温馨的語調說「弄污校服啊，弄污了就麻煩囉。」然後，給孩子知道弄污校服的後果，提醒她吃食物時要小心，不要弄污校服呢！

家長須慎言，說話時必須關顧孩子的感受，孩子才願意主動地表達溝通，說出自己的需要，發展雙方的對話呢！

活動一：樂在其中

活動目的：訓練孩子的聆聽和說話能力

　　媽媽約了朋友吃飯，她帶着約兩歲的女兒到餐廳等候朋友。女兒有點不耐煩，於是她和女兒一起看餐牌上的食物照片，和孩子談談她喜愛的食物。雖然媽媽能善用環境文字和圖片，但幼兒的專注力有限，可能很快又會表現得不耐煩。除了辨認食物圖片，其實家長也可以利用餐牌上的食物照片跟孩子玩遊戲。

遊戲方式：

發揮想像力：請孩子投入想像，眼前空空的碗子裝了一些食物，用匙子攪了攪，然後裝着吃食物。

引導孩子模仿：教孩子說：「XX很美味。」然後，家長可以引導孩子說：「給我吃吧。」

　　不要看輕孩子的想像力，學前階段的孩子大多熱愛投入角色扮演遊戲。孩子會回應大人，用匙子在碗內攪了攪，然後給家長吃，家長應積極回應說：「XX很美味。」如是者重複多次，然後交換角色，幼兒也不覺沉悶。

擴張句子：家長可以多利用形容詞，以擴張句子的方式，仔細形容各種食物的特色，例如食物的種類、顏色、味道和烹調的手法等等。在遊戲過程中，孩子會樂此不疲地重複動作和說話，無形中學習了詞語和句子。

　　若在餐廳等朋友，不妨把握機會鼓勵學前階段的孩子探索不同的環境。透過以上的小遊戲，跟孩子進行親子活動，增加親子交流，訓練幼兒學習「聽」和「說」的能力。

活動二：電話對話

活動目的：訓練孩子的說話技巧

　　家長可讓三至五歲小孩給親人多打電話，加強孩子的說話表達能力。這個活動既可藉此維繫家庭關係、關心長輩，家長又可以同時讓幼兒期的孩子多主動說話，令親子關係更加密切。

遊戲方式：

打電話的目的： 例如，外婆買了生日禮物給三歲孫兒。媽媽致電外婆，請孩子向長輩道謝。

教孩子問候和道謝： 首先，家長應教孩子接聽電話時，問候別人，才說「多謝」。孩子有時會大聲說：「多謝」。這時，家長可以在旁加以指導孩子的說話技巧，例如提示孩子說話時要控制聲量，要細聲和有禮貌地說：「謝謝。」

耐心地引導話題： 家長也可以運用提問引導孩子回答，引起孩子的說話興趣，例如：外婆買了什麼給你？你喜歡嗎？在家長的提示下，三歲幼兒有能力說出較長句子，如：「我衫衫、車子和蛋糕我都很鍾意。」雖然文法不通，但是這顯示了孩子已經懂得表達自己所想，而且能運用較長的句子。

積極回應孩子： 長輩也可就孫兒的回應加以提問，例如：「我送了你三份禮物，你最喜歡哪一份生日禮物呢？」然後，就孫兒最喜歡禮物加以提問，對於孩子喜歡的東西，他們會滔滔不絕。若孩子表現得不耐煩，則要結束對話了。

　　家長在給予孩子的提示和提問，為幼兒搭建學習的棚架，有助加強他們的表達能力。

活動三：說故事

活動目的：訓練孩子的口語敘述能力

　　初小的兒童，大多已接觸書本，喜歡閱讀故事。這時，孩子已有一定的表達能力，家長可多跟孩子齊齊說故事。這個親子活動可寓學習於遊戲，又可培養孩子說故事的興趣，增強其口語能力。

所需材料：

- 3個小盒子
- 自製一些不同詞類的字卡　　小狗　　公園　　早上

遊戲方式：

- 家長按學習主題，先準備寫上不同類別的名詞字卡，放在第一個盒子裏，例如：動物（白兔、小狗、小貓、大象等）或人物的名字；
- 在第二個盒子內，則準備不同地點的字卡（公園、森林、家裏等）；
- 第三個盒子內放有有不同時間的字卡（如早上、晚上、黃昏）；
- 爸爸和兒子來個說故事比賽，他們分別在三個盒子各自抽出一張字卡，然後根據字卡的詞語，創作一個小故事；
- 媽媽當評判，決定誰說得比較好，說得較好的可以得到小獎品。每人也有機會當評判，當評判時應具體地給孩子解說勝出的原因。
- 小獎品可以考慮給予小食作為獎勵，或是當天免做家務。
- 隨着孩子長大，可增加字卡詞語類別和數量（例如兩個人物、兩處地點），令故事內容更豐富有趣。

第五章
開啟兒童閱讀興趣

1. 怎樣吸引孩子投入閱讀？

很多人認為幼兒應先學字，然後才會閱讀。其實幼兒在日常生活中常看見成人在閱讀，他們會自然地模仿成人的行為；常常閱讀的家長，最能影響子女養成閱讀習慣。有些小朋友見到爸媽常看書，他們會模仿「假裝」讀書，手指着書本，口中唸唸有詞。家長與子女一起看書，是一種美好的親子互動經驗，培養孩子漸漸愛上閱讀。閱讀對兒童的學習有深遠的影響。

幼兒和家長一起愉快地閱讀，是開啟兒童閱讀興趣的百寶匙。「齊來閱讀」這鑰匙能引領兒童進入知識之門。家長和子女在閱讀過程中，給孩子留下與書本交往的愉快經驗。要有效地運用這條「齊來閱讀」的鑰匙，家長必先要明白兒童和成人閱讀的目的不同，認識兒童閱讀的特點、閱讀的材料和種類，更重要的是如何幫助孩子養成良好的閱讀習慣。

1.1 閱讀的目的

幼兒和成人閱讀的性質並不相同。若用成人的心態和幼兒閱讀，效果並不理想。成人閱讀的目的是很多元化，有的是了學習、進修、豐富與人交談的內容，有的是為了陶冶性情、消閒、增廣見聞等等。成人閱讀材料的內容很豐富廣泛，包括進修用的參考書、消閒的報紙、小說和雜誌等。值得注意的是，有些成人閱讀的目的是帶有功

利主義，例如為了進修，須閱讀很多參考書；為了應付考試，忙於閱讀。但這種帶有功利主義的閱讀不適用於兒童！兒童閱讀不應只着重從中能認識多少詞語和句子，或是必須要啟發他們學習做人的道理，而是要吸引兒童閱讀的興趣，培養他們養成良好的閱讀習慣。

兒童閱讀的目的是認知身邊的事物，進而認識世界。更重要的是，培養閱讀興趣和閱讀習慣的養成。閱讀是通往知識之門，若兒童自小養成良好閱讀的習慣，不但可奠定他們的語文能力學習基礎，而且對其日後的學習有莫大的幫助，影響身心的發展；閱讀是一生受用不盡的活動，也是終身學習的基礎。

兒童閱讀的內容必須配合心智發展。隨着兒童的成長，閱讀的目的和內容也會有所改變，例如幼兒需要兒歌、故事、圖畫書。到了孩子入學，閱讀是為了娛樂和認知。透過閱讀，可擴闊兒童的眼界，認識世界，增廣見聞。下表概括了成人和兒童閱讀性質的不同：

閱讀	兒童閱讀	成人閱讀
目的	增進知識和引起閱讀興趣為主要的目的	多元化的目的 （進修、學習、興趣、應付考試、與人交談的內容、陶冶性情、消閒……）
內容	配合兒童心智發展的內容 （例如：圖書、兒歌，故事……）	多樣化的內容 （例如：參考書、報紙、小說、雜誌……）

1.2 兒童閱讀的特點

兒童天生好奇，喜歡探究和認識周遭事物，閱讀可提供知識，滿足孩子的好奇心，幫助他們認識世界，發揮想像力，以及加強語言的運用和提升認知能力。但是，要兒童喜歡閱讀也非容易的事，我們必須了解兒童閱讀的特點：

a. 專注力時間短

兒童天性好動，專注力較弱，而閱讀是一種靜態活動，必須有一定專注力，所以要孩子定下來，集中精神閱讀是困難的，常常會表現不耐煩。**大人不應該以強硬的態度脅迫孩子，家長應該陪同子女閱讀，讓孩子慢慢習慣和享受閱讀的過程。**家長跟孩子坐下來共同愉快相處的美好時光，讓孩子對閱讀留下美好的印象，從而樂於閱讀。

b. 喜歡親子共讀

「共讀」是指陪同幼兒一起閱讀，有了家長的陪同，幼兒會較容易集中注意力閱讀。**共讀可以是家長以講故事的方式，將書本內容逐頁與孩子分享，也可以是以朗讀的方式進行。**這兩種方式各有優點，用講故事的方式進行共讀，家長可加上很多想像力來演繹內容，利用聲線的變化，讓孩子感興趣閱讀。而朗讀的方式，輔以指讀（用手指指着文字閱讀）則可加強孩子對中文字的認識（例如一音一字、方塊字、認字等）。家長可嘗試用兩種不同方式與孩子進行親子共讀，看看他們的喜好。

家長與子女共讀，是為孩子提供「有聲的書」。這種有聲的書，除了講故事和朗讀外，家長可和孩子談談對書本的人物和內容的想法，幫助孩子理解書中的內容，為後期的閱讀打下基礎。

c. 愛從圖畫中閱讀

幼兒認字不多，識字量有限。書本內太多文字根本難以引起孩子的興趣。書中的圖畫不但能引起孩子的注意，也可以提供線索，幫助他們理解內容，促進思考。例如兩三歲的幼兒很喜歡在圖中找出相關的主要內容。三歲後期的兒童，則對圖畫的細緻地方（圖片的背景）充滿好奇，充滿想像力，喜歡提問。

d. 睡前閱讀效果更佳

親子共讀最好在安靜和舒適的環境中進行，自然能提升幼兒的專注力。幼兒睡前與家長共讀，不但幫助幼兒的語文學習，而且能發掘幼兒的記憶潛能。

內地幼兒教育專家張明紅教授*認為睡前環境較安靜，干擾少，這種共讀帶來愉悦情緒，能充分發揮無意記憶的功能，加上深層睡眠對新接受的信息在大腦中的編碼、儲存，使短期記憶轉為長期記憶有着促進作用。家長可根據實際情況靈活地安排與幼兒在睡前進行共讀，只要持之以恒，一定能得到良好的效果。

*張明紅(2000)。《幼兒語言教育》，上海：上海教育出版社。

1.3 兒童閱讀的材料

就閱讀內容而言,閱讀的材料最好是挑選與兒童身邊與日常生活相關的故事和人物。家長選擇兒童閱讀的材料,不要刻意要求孩子必須要學什麼做人道理,學懂那些字詞。閱讀材料須從培養兒童閱讀的興趣為主。現時坊間兒童閱讀的材料五花八門,常見的閱讀材料有:

a. 字卡

通常是有圖畫和文字互相對照,讓兒童明白卡中的意思。有些文字有中英對照,也有些輔以拼音。常見的字卡主題有數數字、動物、植物、動作、情緒、相反詞等,幫助兒童學習,加強他們的認知能力。

《幼兒漢英配對學習卡》系列(由新雅文化出版)

b. 無字書

無字書以圖畫為主,沒有文字。因為沒有文字,內容情節不多,但這類無字書旨在培養幼兒的觀察力,啟發思考和聯想,發揮他們的想像力。

c. 環境的文字和符號

兒童從日常生活環境中認識了文字和符號，例如商店的招牌、標誌、徽號、路牌、廣告等，都是兒童常遇到的閱讀材料。在街上，可讓孩子多觀察和認讀一些交通工具的標誌，例如，巴士「KMB」和港鐵「MTR」的徽號等都帶有英文字母。這既可以讓孩子加深對生活環境的認知，又能讓其察覺文字的存在，連繫學習語言。

d. 圖畫故事書

圖畫故事書是指有畫圖和文字的書。這類型的書故事性較強，圖文並茂，幫助幼兒理解。大部分的兒童讀物都是有圖畫和文字的，原因是圖畫可以吸引和幫助兒童閱讀。書中的圖畫是不可或缺的，它有解釋、描述、想像內容的作用，有助兒童理解書中的內容。幼兒認識的字有限，通常要靠家長和他們一起閱讀。

1.4 養成良好的閱讀習慣

無論兒童喜歡閱讀的是什麼類型的書，最重要的是家長要願意為孩子提供可以與書一起共處的機會。換言之，家長樂意和孩子共讀，讓子女多聆聽家長講述或朗讀故事。家長多跟孩子說說故事內容，甚至可以跟孩子一起延伸創作故事。

這些共讀的過程，是家長與子女共聚的美好時刻。請緊記，要培養兒童自小喜愛閱讀，就必須讓他們在閱讀過程中擁有一個愉快的心情。兒童和家長共讀的氣氛是融洽、溫馨和開心的，這是兒童樂於閱讀的好開始。有了好的開始，兒童漸漸地愛上閱讀，在他們成長過程中不自覺將閱讀養成習慣，不須別人的督促，也願意持之以恆去閱讀。

2. 如何營造閱讀氣氛，幫助兒童養成良好的閱讀習慣？

2.1 規定時間作親子閱讀

　　無論有多忙碌的家長，也應盡量在每天抽出十至十五分鐘作親子閱讀。不要輕看這十五分鐘！因為它可影響兒童對閱讀的興趣。親子閱讀的時間是沒有規定的，家長可選擇和孩子都覺得舒適的時段，所以很多家長選擇在睡前進行親子閱讀。上文亦曾談及睡前有助進行閱讀，發揮兒童無意記憶的功能。但家長切記不要認為親子閱讀的時間越長越好，其實親子閱讀在乎孩子與家長閱讀所得的愉快感受和樂趣。要注意親子閱讀時間不宜太長，讓孩子能在毫無壓力下快樂地閱讀。

　　兒童需要鼓勵，家長應主動鼓勵和支持他們投入閱讀。親子閱讀正是好時機，培養孩子定時共讀，鼓勵他們認真地認識書中的圖畫和文字。家長可以不厭其煩給孩子重複閱讀他們喜愛的故事，讚許孩子的閱讀行為。家長又可多和孩子談論他們喜歡的人物和情節。

2.2 充滿閱讀氣氛的家

　　充滿閱讀氣氛的家對兒童的閱讀是很重要的。除了閱讀書本，家長也應讓孩子置身於文字環境中，耳濡目染，讓孩子認識文字的功用。例如，家中設有告示版，跟孩子一起製作購物清單或備忘錄，提醒家中成員要做的事，例如學校通告、準備生日會日程。有朋友在家中放滿了書籍，方便隨手可拿書本閱讀，家中猶如一個小型圖書館，他的小朋友自然也慢慢變得很喜愛閱讀。

2.3 設立小書架

家中可設立孩子的小書架，書架不須大，只需小小的地方，讓孩子擁有自己喜愛的書有放置的小天地，對自己書本有歸屬感和滿足感，讓他們成為愛書人。家長不妨和孩子記錄或統計曾看過的書，鼓勵閱讀。過了不久，可能小書架已載滿了書，那麼家長可以考慮把圖書捐贈給有需要的孩子，或者進一步加大藏書的範圍，添置小書櫃。

2.4 家長以身作則喜愛閱讀

嬰兒到了十個月左右，是開始認人的階段，因此嬰孩的照顧者，以及他們常接觸的人物其言行很重要。很多人認為幼兒應先學字，然後才會閱讀。其實幼兒在日常生活中常看見家長看書，他們很容易模仿成人的行為，從而願意閱讀。若家長能與孩子一起閱讀，在互動中，孩子便會不自覺的喜歡閱讀。身教重於言教，喜愛閱讀的家長，他們的子女在潛移默化中也會愛上閱讀。

2.5 常逛書店、圖書館

家長可帶孩子逛書店、書展，又可到公共圖書館借書，讓他們認識不同類型的書籍。除了他們熟悉的故事書外，還有手工書、烹飪

書、謎語書、有關運動的書等等，家長可和孩子選擇自己喜愛的書籍，讓孩子接觸不同類型的書籍，以擴闊視野。

2.6 培養兒童從閱讀中懂得提問

就讀幼稚園或初小的兒童，可多培養他們從閱讀中懂得提問。成功的讀者能從書本中提出問題，幫助弄清事情的含意，理解內容。正如成人買了新電器回家，閱讀使用說明書時，也會有很多疑問，然後作探討和深入理解。因此，培養兒童從閱讀中懂得提問是一個好習慣，有助兒童閱讀能力的發展。「共讀」的意思是兒童與成人一起閱讀，在閱讀過程中對內容、文字或圖畫提出問題，又或要求兒童預測可能出現的結局。當兒童看書時感到好奇，主動發問，形成習慣，自然喜歡閱讀。

3. 怎樣為不同階段的兒童選書？

零至八歲是兒童是學習語文的黃金期，整整八年的時間，兒童經歷了不同階段。兒童在不同的年齡和發展階段有不同的閱讀需要，家長應注意因應孩子不同階段的心智發展為他們選書。本章節先分析選擇兒童讀物的一般原則，然後提出兒童在不同階段選書的建議。

3.1 選擇的兒童讀物的原則

就內容方面而言，家長選擇閱讀材料時，應顧及作品內容須配合兒童的認知發展。**家長必須留意選材時的兩項原則：一、內容主題必須正確，二、兒童容易對作品產生「共感」。**

兒童讀物的主題必須正確，即主題內容健康富趣味，知識傳達正

確，例如包含了對真、善、美的追求，能為兒童所能理解和喜愛的作品。此外，所選的讀物，最好是孩子容易對作品產生「共感」。所謂「共感」，是作者和兒童產生的共同感受，是兒童對作者所表達的思想產生共同或相似的感覺。

兒童感受到作品的人物個性、思想感情與他們相似，便容易對作品產生共鳴。家長可以選一些生活化的故事題材，例如《什麼都不愛吃的皮皮》這個繪本故事以偏食的習慣為主題，故事內容表現了兒童日常會有偏食的壞習慣，讓孩子容易對故事的主角小女孩在情緒上、個性上和思想上產生「共感」。孩子不愛吃蔬菜，正是一般兒童普遍的心態。

《什麼都不愛吃的皮皮》（由新雅文化出版）

就表達形式而言，適合兒童閱讀的作品，必須運用深入淺出的語言和藝術技巧。**家長選書以「優美而簡單」為重點。**「優美」是指聲調韻律鮮明，具節奏，容易朗讀；「簡單」則是指文字和句子精簡。

兒童較喜歡重複的字詞、句子和情節。孩子們也喜歡擬聲詞，例如「貓兒喵喵叫」可刺激他們的想像和聽覺。而具韻律感的兒歌讓兒童容易記誦，容易讓孩子唸得琅琅上口呢！

3.2 不同階段的選材

兒童在不同階段有不同的認知發展，閱讀選材也不一樣。為了讓家長在適當的時間給孩子選擇合適的書，現把各種不同類型的兒童圖書特點分述如下（以下讀物均由新雅文化出版）。

a. 學前階段（嬰兒期、學步期）

由於大多數的幼兒開始留意周遭的環境，所以環境中的圖畫、符號和文字是這階段的閱讀材料。家長也可以陪同這階段的幼兒一起閱讀字卡、簡短的兒歌和故事，例如動物、生活故事都是幼兒喜愛的。

這階段的幼兒視書本為玩具。有些書本也可給幼兒提供不同的觸感或發聲，家長可以讓書本變成孩子的玩具，給幼兒盡情翻看、咬、摸或作其他探索。因此，幼兒書本以耐用，易翻為主，不應太大本。字卡、布書、兒歌、圖書、嬰兒認物書，也很適合這階段的幼兒。

書本可以全是圖畫的無字書，也可以是有插圖，也可輔以文字。插圖要簡單和有色彩，文字與插圖必須互相配合。有些圖文是可重複，方便幼兒辨認。

布書類

《海洋動物》　　　　　　《長頸鹿和朋友們》

這種布書質感舒適，有些還附有小鏡子和小鈴鐺等，有助刺激幼兒的視覺、觸覺和聽覺的發展。

《兔媽媽來抱抱我！》

《熊爸爸來抱抱我！》

《趣趣指偶說故事：迷你超人開派對》

這種指偶書的設計配以手指偶等小道具，把書中的圖像立體化，更能吸引孩子的閱讀興趣。

b. 幼稚園階段（幼兒期）

　　這階段的幼兒很留意環境中的圖畫、符號和文字，也喜歡看故事書。就內容而言，故事書的主題要明確，以生活取材相關的。雖然這階段的幼兒也愛看新奇的書，例如發聲書和立體書，但是他們對故事圖書和兒歌特別感興趣。

　　就表達形式而言，大多是有彩色的圖畫或照片，輔以文字，方便幼兒閱讀，例如繪本故事書。幼兒也能明白簡單的表達手法，例如擬人法、顏色詞、重複的句子等。

《我真的要一個上學嗎？》

這種繪本的體積較大本，以圖畫為主，吸引幼兒閱讀，幫助他們理解書的內容。繪本故事的內容簡短，主題貼近孩子的生活。

《按按有聲書》系列

這種有聲書可播放出書中主題相關的聲音或兒歌，吸引幼兒的注意力，幫助他們理解。

《超級汽車大全互動立體書》

這種立體書把書中的圖像立體化，不但可吸引幼兒的注意力，也可以讓幼兒深入認識事物。

c. 初小階段（小學一、二年級）

兒童入讀小學後，上課學了不少語文知識和不同的修辭手法，認字量也增加了，甚至可進行自主閱讀。家長選書的內容要多樣化和有情節的故事。文字雖較多，但輔以圖片或相片，兒童也樂於閱讀。他們可就自己的興趣選擇自己喜愛的童話故事、寓言、民俗故事、冒險故事、科學故事等。

有些學校要求小二的學生開始學習查字典，家長可以為孩子多選購一些知識類圖書，例如參考一些兒童語文圖典和兒童百科全書。

《鬥嘴一班》系列

這種圖畫故事書娛樂性豐富，而且主題多元化，既能滿足孩子的好奇心，又能吸引孩子投入閱讀。此系列以校園和家庭生活故事為主題，是一套專為初小階段至中年級兒童設計的橋樑書。

《老鼠記者》系列

此系列由老鼠記者親述他在周遊列國冒險的故事，內容惹笑幽默，妙趣橫生。富有創意的內文排版設計，增加了孩子的閱讀樂趣，更可幫助他們學習詞彙。

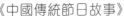

《中國傳統節日故事》　　　　《認識香港系列：香港老店「立體」遊》

這種民俗故事書可以讓孩子認識中國傳統節日的由來，了解民族的文化。現今科技進步，有些圖書附有QR Code，家長用手機掃描便可以把內容立體呈現給孩子看，例如《認識香港系列：香港老店「立體」遊》。

《活學活用英文詞彙大圖典》

家長可以利用這種圖典幫助孩子認識不同的主題，擴充詞彙，增加他們的認知能力。

《魔幻偵探所》系列

這種偵探歷險故事書，內容驚險刺激，帶有懸疑，吸引孩子追看故事情節的發展，娛樂性豐富，深受孩子喜愛。

科學故事

《好奇水先生》系列

家長可以利用這種融合了趣味故事和科學常識的故事書，幫助孩子學習科普常識。這種故事的插圖活潑生動，書中附有趣味小實驗的欄目。讓孩子在看故事之中，同時增進科學知識。

百科全書

《大開眼界小百科》系列

這種兒童百科全書內容涵蓋科學和人文知識。透過豐富有趣的插圖或真實照片，讓孩子拓展眼界，認識世界各地的歷史、文化、地理等科普知識。

現把不同階段兒童選書的概要表列如下，以供參考。

不同階段	建議選擇的閱讀讀物	備註
學前階段 （嬰兒期、學步期） 約零至兩歲的嬰兒	**內容：** ♡ 簡短的生活和環境故事。 ♡ 開始留意環境中的圖畫、符號和文字 **形式：** ♡ 可以是全圖畫的無字書，也可以是有插圖，也可輔以少量文字。 ♡ 插圖要簡單和有色彩。文字與插圖互相配合。	環境中的符號和字、 字卡、 布書、 兒歌、 圖畫書、 嬰兒認物書（包括：發聲書、立體書、洗澡書、紙板書、認知書、操作書）
幼稚園階段 （幼兒期） 約三至五歲的幼兒	**內容：** ♡ 細心留意環境中的圖畫、符號和文字。 ♡ 主題清楚明確。 ♡ 以生活取材相關的。 **形式：** ♡ 大多是有彩色的圖畫或照片，輔以文字。 ♡ 簡單的表達手法，例如擬人法、顏色詞等。	圖畫故事書、 兒歌、 翻翻書、 立體書、 生活故事繪本、 認知掛圖、 指偶書、 經典童話
初小階段 （小學一、二年級） 約六至八歲的兒童	**內容：** ♡ 故事內容多樣化和有情節。文字較多，輔以圖片。 ♡ 到入讀小學時，兒童可參考圖典和百科全書等。 **形式：** ♡ 多樣化的表達技巧，例如：不同的修辭手法。	圖畫故事書、 童話、 寓言、 民俗故事、 幻想故事、 冒險故事、 科學故事、 圖典、百科全書等

4. 如何從日常生活取材，培養孩子的閱讀能力？

很多人認為要待兒童識字後才閱讀，其實兒童的閱讀越早越好。幼兒在環境中認識符號、圖畫和文字；又或兒童坐在大人身邊，看着圖畫和文字，聽着與文字相關的熟悉聲音，也是兒童閱讀重要的一環。關鍵是家長如何巧妙運用環境中的符號、文字和圖書，幫助兒童展開閱讀重要的一步。上文提及家長為不同階段的兒童尋找合適的閱讀讀物的原則，現詳細分析家長如何好好善用這兩項重要的學習環境媒介，包括：環境中的符號、圖畫和文字，以及圖書。

4.1 環境中的符號、圖畫和文字

嬰兒由出生開始，便會嘗試探索周圍環境。當幼兒日漸長大，更會留意周遭環境的文字、符號和人物語言。他們漸漸發現語言和文字在人類生活中的重要性，於是便會不自覺地探究它們的意思。

日常生活的用字是指幼兒在周遭環境所接觸的文字、符號和其他與環境相關的標記。幼兒很容易認出自己喜愛的零食牌子和餐廳的名字。他們和家人出外時，會很留意周遭環境的文字。街上的路牌、商店的名字和所乘的巴士路線號碼，都是幼兒在日常生活中所察覺得到的。兒童很容易從周圍環境

中學習文字，初入讀小學的兒童很快能辨別班中同學的名字，他們從日常課堂常聽到老師說自己的名字；在課室裏的小書枱和紀律版上也會寫上學生的姓名，孩子們很快便能辨別各人的名字，有些同學的姓名還非常艱深呢！

家長須按幼兒的認知發展，以圖畫和符號幫助他們認識周遭環境。家長可有意無意間運用日常環境所見到的文字，吸引幼兒察覺周遭的文字和符號。例如家長可請幼兒留意超級市場的分類標示，哪裏是賣罐頭、哪處是賣蔬菜和生果等等。

• 符號：幼兒要認識周圍的環境，自然要學懂很多符號。家長可多提示他們從中學習。舉例如在商場裏，因要進行裝修工程，顧客出入時要靠另一處出口，家長和幼兒在商場找出口時，家長可和幼兒找箭嘴符號，讓幼兒明白跟着符號便能找到出口，給他們知道符號的作用。

• 圖畫：家長和幼兒到商場和乘港鐵時，不妨請孩子留意「照顧同行長者」，「請勿站近梯級邊緣」、「握扶手 企定定」等圖象標示，並請他們解說圖象代表的意思。

• 文字：不要看輕幼兒環境中學習文字的能力，很多孩子留意巴士站寫上的數目字和文字，家長可和孩子讀出相關的字詞。家長又可在商場門口，請他們留意門上寫上的「推」或「拉」字，家長示範讀音和動作，令幼兒明白文字的意思。

4.2 從圖畫猜度文字

讓幼兒多觀察圖畫，從中猜度文字的意思。很多時家長只顧請幼兒記認文字或讀出環境中見到的文字，較忽略告訴幼兒運用圖象線索來閱讀。家長可讓幼兒了解圖象、符號和文字的關係。家長可請幼兒觀察男女洗手間的圖象，請他們猜猜哪裏是女洗手間，並作解說：女

洗手間是用穿裙的女孩子代表，然後讀出女洗手間的字樣。又例如，家長可運用「小心地滑」，「小心路面不平」一些警告牌的圖象，請幼兒說出圖意和猜度當中的意思，然後家長也可和幼兒一起讀出相關的文字。

4.3 從環境中認字

很多家長認為早期閱讀只能依賴以認字卡給幼兒唸讀，其實家長也可以多留意生活細節，在家中自製認字卡，幫助幼兒在家中接觸實物認字。例如家長在收藏幼兒玩具的膠盒上寫上「玩具箱」；載衣物膠箱寫上「衣物箱」；載雜物膠箱寫上「雜物箱」；在種花的盆子貼上「花盆」二字。「玩具箱」內有不同小盒子再將玩具分類，例如小盒子可貼上「私家汽車」和「公共汽車」等字卡，好讓幼兒一起認讀這些字詞。

幼兒未懂說話前，家長讀，幼兒聽；幼兒懂說話時，家長讀，幼兒跟着一起讀。有家長表示，若指着字詞讀，效果會更好。這種的活動必須持之有恆。假以時日，必能培養幼兒早期的認讀能力。值得注意的是，家長不要操之過急，不應進行機械式的操練，罔顧幼兒的興趣。

雖然日常生活環境有很多圖畫、符號，並附有文字說明，但有些環境，只有文字，沒有圖畫，例如公園裏有些寫上「請勿亂拋垃圾」，「請勿踏草」等字，家長可描述周圍的環境，請他們猜出字義。例如，家長可提問幼兒「為什麼草地上有這些文字？它告訴我們什麼？」

4.4 從遊戲推度認讀文字

家長不要放過日常生活中親近子女的好時機，和幼兒逛街，到超市，旅行和遊戲，可幫助培養孩子的認知能力和觀察力，讓他們漸漸認識這世界，學習語文。但家長切忌將親子活動弄成機械式的語文訓練，這往往為孩子帶來壓力，打擊孩子的學習興趣，弄巧反拙。用遊戲方式幫助兒童認讀文字才能做到事半功倍。

例如：幼兒姓名其中一個字是「樂」，家長可和幼兒行經永樂街、樂道、高樂花園時，不妨請他留意「樂」字。又或者家長可和幼兒一起乘巴士時進行比賽，這比賽較適合非繁忙時間，乘客不多時進行。家長可和幼兒一起留意巴士上的車站預報，當預告牌列出和讀出與家庭成員姓名相關的名字，幼兒和家長舉手説出相關的文字，看誰能最快説出最多的為勝利者。

4.5 不要忽視幼兒對文字功用的察覺

幼兒在懂得閱讀前已潛在「文字功用的察覺」能力。什麼是文字功用的察覺？文字不單是符號，更重要是運用，才發揮文字的功用。

幼兒階段早已開始讀寫萌發的時期，家長和教師應把握時機讓幼兒認識文字在生活中的意義和重要性，從而對文字產生興趣，樂於閱讀，運用文字符號與人溝通。建立兒童閱讀的其中一個層次就是對文字用途的認識。兒童能從環境中認識應用文字的重要性，他們能從環境中認識用字和它們的意思，以應付生活所需，這就是文字功用的察覺。

家長可創造各式各樣真實使用語言的機會，讓幼兒有機會進行與生活相關的聽説讀寫這些功能性活動。若然幼兒常常接觸文字，了解文字的用途，便能察覺到文字是有音義和有功用的。**當他們親身發現**

和體驗到使用文字的作用，明白文字在日常生活的重要性，便能燃起了他們內心對文字和書本的興趣。

我們周遭的報紙、雜誌、貨品目錄、餐廳外賣餐單、食譜、字條、路線圖等事物都是很有用的學習材料。家長可運用廣告單張、食物包裝上的指示、菜牌和點心紙等日常生活事物，讓幼兒從中認識文字的作用。例如家長和幼兒一起讀出藥袋上的指示，然後按指示吃藥，便能痊癒。家長又可和幼兒一起讀出玩具的說明書，然後按指示砌出玩具。

家長應鼓勵幼兒留意身邊常見的圖畫、符號和文字。當幼兒越留意環境，便越能產生對圖畫，符號和文字的好奇，從而有興趣探究和學習。有了家長的鼓勵和指引，幼兒漸漸地會樂見圖畫、符號和文字。當兒童明白文字功用，就自然願意閱讀。

4.6 圖書的運用

家長應如何運用圖書？圖書是指有圖畫和文字的書，年紀越小，圖畫則較大，圖畫所佔的頁數也較多，輔以少量的文字；當幼兒年紀漸長，文字量增加，但仍需輔以圖畫，幫助理解。

閱讀越早開始越好，越早接觸書本越理想。家長和幼兒共讀，無形中家長示範了，例如書是一頁一頁去翻，認識書的內容結構（書的封面、封底、作者、圖畫和文字）。閱讀時，可以用手指指着字朗讀，這有助加深孩子對文字的認識。在指讀的過程中，示範了中國文字是一字對應一音，中文閱讀方向是由上到下，由右至左等閱讀規則。

當幼兒日漸長大，家長可多請他們留意圖畫與文字的配合，他們能指出主題的物件解讀圖畫，家長和孩子共讀時有時可自問自答，有

時與孩子對話，鼓勵他們將疑問説出來，與孩子一起尋找答案，這種對話正是閱讀理解的過程。在閱讀的過程中，孩子可詢問不懂的字詞，了解作者的名字，明白每一本書有其開頭、

中間和結尾。家長可多從子女的已有知識，運用圖片，尋找線索，推敲上文下理，猜度故事的發展。家長可又可與孩子討論及分享書本的內容，閱讀是一個很有趣的推敲和分享活動！他們漸漸明白閱讀是一種生活習慣，由共讀到自主閱讀。

　　兒童歡喜看圖書，除了內容具趣味外，插圖提供線索幫助他們理解不懂的詞語，家長可幫助他們尋找線索和在對答中分享故事。當兒童入讀小學，可嘗試給他們閱讀篇幅較長的故事書，故事內容最好是他們喜愛的。

5. 親子共讀的秘訣錦囊

　　兒歌和故事是常見的兒童讀物，家長和孩子進行親子閱讀時，家長可運用朗讀和講故事方式，以增加兒童對閱讀的興趣。以下的親子共讀的秘訣錦囊可供參考：

5.1 朗讀的錦囊

　　朗讀可以幫助兒童對語言的領會，激發兒童對閱讀的濃厚興趣。

兒童在朗讀中漸漸掌握語言形式和規則，從而幫助他們語言的發展。兒童故事和兒歌內容豐富，描寫人物生動細緻，押韻文字能令兒童容易模仿。若兒童能高聲朗讀，自然會心領神會掌握語言的動感。

　　兒童年紀小，未能領悟如何朗讀，家長必須示範，讀出動感。怎樣才能讀出動感呢？家長需要注意有關句子的讀法。家長要懂得怎樣將句子中的詞語進行適當的切割，句子中哪些詞語要讀重音，哪些詞用輕音，哪些句子要讀得快，哪些句子要讀得慢一點。例如以經典童話故事《醜小鴨》，故事中大公雞說：「哪裏鑽出來的醜八怪，快滾！」家長朗讀時，要將句子的詞語切割「哪裏/鑽出來/的/醜八怪，快滾！」然後自然地讀出來，以增加句子的節奏。其中「快滾」一詞應用重音朗讀，表示大公雞對醜小鴨的不滿，全句也應讀得急促一點，反映大公雞很想醜小鴨快點走開。另一句「秋天到了，樹葉黃了，醜小鴨來到湖邊，悄悄地過日子。」家長朗讀時，可將句子中的詞語切割為「秋天/到了，樹葉/黃了，醜小鴨/來到/湖邊，悄悄地/過日子。」其中「悄悄地」一詞應用輕音讀，表示沒有聲音的意思。家長朗讀全句時應放慢一點，表示醜小鴨孤單地過生活。

　　兒童喜歡模仿，家長的朗讀，小朋友聽在心裏，自然會慢慢跟上。這種跟隨家長的朗讀，可以是純粹兒童用小眼睛跟隨家長的指讀，也可以讓他們跟隨家長高聲朗讀，兩者皆可體會箇中朗讀的表達效果。

5.2 共讀故事的錦囊

　　第三章已提及如何說故事引起兒童聽故事的興趣。家長與孩子共讀故事時，不是「我讀，你聽」，更包含了家長與孩子對話的材料，也提供機會讓孩子明白閱讀是要思考，要提問。當孩子自行閱讀時，便不自覺自行建構閱讀模式。

最常用的提問錦囊是「賣關子」，是指家長就其中的一些重要情節「賣關子」，然後請兒童想像故事的發展。例如請孩子猜猜經典童話故事《三隻小豬》故事中狼的結局。

若是初小兒童，家長應啓發孩子多想像故事內容中的「留白」，「留白」是指故事中沒有交代的部分。家長可運用這部分，讓孩子多加以想像。例如《灰姑娘》並沒有交代灰姑娘的後母的遭遇，家長可請孩子多加思考，創作相關人物的故事。

親子共讀又可培養孩子的創意力，家長可和孩子思考故事的「轉變」。所謂「轉變」，是指家長改變了原有故事的橋段。假如《三隻小豬》故事中的小豬各有特別的本領，那麼故事的發展可不一樣。這些假設性的問題，確能豐富兒童的想像。

有些幼兒喜歡重複唸同一本書，他們可能對一些書特別有興趣。家長可重複閱讀同一故事，只要朗讀得宜，表達有趣，便能吸引幼兒。

給家長的話 ♥♥

家長不要錯過與子女一起朗讀和閱讀的機會。這是一種溫馨的親子活動。家長須以身作則喜愛閱讀，讓孩子漸漸地愛上閱讀。當閱讀成為他們生活的一部分，像刷牙、洗面般每天要做的事，將閱讀養成習慣。他們會樂於閱讀，掌握開啟知識之門的鎖鑰，終身受用呢！

值得注意的是，家長切勿揠苗助長，弄巧成拙。強迫孩子閱讀只會得反效果。不要將兒童「學習的黃金八年」變成「學習的厭煩百年」。若是兒童討厭閱讀，他們以後的學習路上將增添困難。

個案一：寶寶喜歡撕書，家長應該怎樣做？

　　十一個月大的雯雯只當書本是玩具，喜歡玩書。媽媽和雯雯看書時，寶寶總是在咬書，然後雙手不停抓、拍或揮動圖書。到了寶寶懂得行，她喜歡將書夾在胳臂下，帶着會它走來走去，很是有趣。有一天，雯雯翻書時，不小心撕破其中一頁，此後，她常常會撕書。眼見雯雯撕書的行為，媽媽心裏歎息，心想：「為什麼她會這麼喜歡撕書？這麼頑劣？這孩子真是與書沒有緣！」

重點分析

　　寶寶喜歡咬書、撕書，把書本當作玩具的行為，都是嬰幼兒成長必經階段。到了七至十一個月大，隨着寶寶的五感能力發展（包括：視覺、聽覺、嗅覺、味覺和觸覺），他們主要透過探索環境來認識世界。撕書正是寶寶探索環境的表現。當雯雯偶然撕破了書頁，她對撕紙的聲音、紙張的裂紋感到好奇，於是又再重複進行這個動作，這只是暫時性的行為。當孩子撕書時，家長可以改變聲線和表情，搖搖頭，並指着被撕開的地方，對寶寶說：「書是用看的，我們不要這麼做。」

　　不要以為約一歲的寶寶什麼都不懂，透過觀察大人的聲線、表情和動作，嬰幼兒會明白和理解到撕書是不好的。家長可以為嬰幼兒選購一些安全無毒的布書和不易損壞的紙板書，耐心地跟寶寶一起翻閱書本，讓他們習慣了閱讀的過程，然後才閱讀一般紙張印刷的圖書。

個案二：孩子對閱讀不感興趣，應該怎樣吸引他閱讀？

親子閱讀對幼兒語文學習很重要，家長往往會買很多童話和故事書，希望培養孩子從三至四歲起開始閱讀，但是卻常常會面對幼兒總是不感興趣的情況。

重點分析

首先，家長要注意選擇合適的閱讀時機，為孩子定下每天閱讀的時間。另外，在舒適和安靜的環境下進行親子閱讀，有助孩子保持專注力。

三至四歲的幼兒需要父母伴讀，家長在讀書的過程中可以多加提問，吸引孩子的注意力，引導孩子以簡短的語言回答，投入閱讀。

最重要的是，家長要多觀察幼兒的喜好，以選擇他們喜愛的讀物，投其所好。例如孩子喜歡英雄人物，就不妨多選購這個題材的圖畫書。即使孩子沒能明白所有文字的意思，也可吸引他們看書中的圖畫，讓孩子體驗閱讀的樂趣。比如，男孩子喜歡玩具車，我們就可以選擇玩具車或交通工具的貼紙和圖書，引起孩子閱讀的興趣。

個案三：孩子要求買的書，家長應該全部買下嗎？

一天，入讀初小的安安和媽媽一起逛書局，他拿着一本文字很多的故事書，對媽媽說：「我要買。我要買啊！」媽媽回應：「你已有很多故事書，不買了！」。

重點分析

面對這個場面，建議媽媽應該先接過孩子要買的圖書，嘗試了解他的想法，找出孩子嚷着要買書的原因。即使家中有許多圖書，也不應只跟孩子說：「不買！」以免打擊孩子對閱讀的興趣。

媽媽應該先讓孩子說出買書的原因。如果孩子的想法是合理的話，可考慮買給他。平日家長為孩子選書時，可先看看書中的內容，同時也應讓孩子參與選書，了解他們對圖書內容的想法。家長的選書態度也是兒童學習的對象。

親子閱讀與親子對話是息息相關，透過選書、買書、討論書中內容，家長和兒童也可說出想法，這是思想上的親子互動。有了互動才能加強溝通，親子閱讀才變得有樂趣和溫馨。

親子活動一：「悅」寶寶自己的書

活動目的：讓孩子愉快投入閱讀

　　約一歲半學步期的幼兒不太喜歡閱讀，家長可為孩子自製圖書，可準備日常生活的圖片和寫上文字。

遊戲方式：

度身訂造圖書內容：家長若能親手和寶寶一起製作圖書，可以為寶寶度身訂造他喜歡的內容，**讓寶寶進行專題學習，與自己相關的人和事。**例如書本內容的主題是寶寶喜歡吃的食物，搜集孩子喜愛的食物照片在書簿中貼起來，寫上：寶寶喜歡吃什麼？寶寶喜歡吃蘋果。家長可以從幼兒的衣、食、住、行方面，設計主題，例如寶寶喜歡的小公主洋娃娃，可搜集相關的圖片，由家長在圖片旁寫上文字，文字可以是詞語或句子，和幼兒共讀。家長給孩子朗讀圖書時，可加上適當的動作和提問。

這個做法不但可藉着寶寶的喜歡的事物，引起他的閱讀動機和興趣，而且媽媽可為寶寶留下美好的童年回憶。

培養孩子對閱讀的歸屬感：有了自製的書本，讓寶寶對書本產生的歸屬感，圖書是獨有的，這是一本屬於他自己個人的書。每當媽媽朗讀書中的內容時，寶寶聽起來，也倍感親切。鼓勵孩子投入親子閱讀，有助他建立學習語文的自信。

親子活動二：數路牌標誌

活動目的：讓孩子從生活中學習詞彙

　　四歲的孩子很好奇，常常會發問。家長可以在日常生活中，多跟孩子進行學習遊戲，進行隨機學習。

遊戲方式：

認識標誌符號的功用：家長跟孩子在出行時，和孩子進行隨機學習，請他沿途留意各種招牌、路牌和標誌。例如，爸爸駕車往機場，沿路常見飛機標誌，爸爸可以告訴孩子飛機標誌旁寫着「大嶼山」。這是一種交通標誌，用來指示人們的駕駛方向，帶領他們駛到目的地。更重要的是，讓孩子留意標誌和文字是有關係的，令他們明白日常生活中所見的標誌和文字的具體作用。

培養專注力：爸爸請孩子數數沿路的飛機標誌。在數數的過程中，讓他明白只要爸爸跟着標誌駕駛，便可到機場。同時，讓孩子無形中認識了「大嶼山」這個詞語，而機場就是在大嶼山。

親子活動三：齊來做果凍

活動目的：讓孩子接觸實物，輸入語言

家長可以跟孩子一起入廚，讓孩子動手參與做果凍，從中學習聆聽語言指示，藉此讓他認讀文字。

遊戲方式：

從接觸實物，輸入語言：家長除了可以讓孩子從果凍粉包裝上的圖片，請孩子認讀「果凍」的文字。在這個活動中，孩子最後製成的果凍，讓他們接觸了實物，就會對「果凍」留下深刻的印象。此外，還可以請孩子幫忙讀出包裝盒上果凍的味道和牌子。

認讀文字，訓練聆聽能力：媽媽和孩子一起看看果凍粉包裝盒上的指示。媽媽先教孩子認識果凍的圖片，教孩子說：「果凍」。然後，請孩子幫手，一起進行製作，一邊朗讀包裝上的指示，訓練孩子的聆聽理解能力。讓孩子跟着指示完成製作，例如協助他按指示量度溫水的分量，請孩子幫忙進行攪拌，令果凍粉溶化。告訴孩子當他們按着步驟和指示來做，就能做出美味的果凍。在製作的過程中，可以讓孩子認識文字對日常生活很有幫助，培養孩子對文字的興趣，從而喜愛閱讀。

第六章

讓兒童愛上「寫」

第六章：讓兒童愛上「寫」

1. 兒童學習執筆寫字前，要做什麼準備？

1.1 幼兒寫字前的準備：塗鴉、繪圖

對幼兒來說，「寫」是一種以圖畫、標誌、符號和文字表達意念的方式。幼兒執筆「寫字」，除了是指孩子握筆書寫的動作外，還包含他要表達的意思。

有人認為幼兒懂得寫很多字，就表示他的能力越高，所以家長期望幼兒寫字越多越好。其實這想法是有待商榷的。若幼兒不求甚解，盲目寫字，他們只會生厭，更談不上讓他們表達所想，所以家長不必刻意要求幼兒寫很多字。當幼兒日漸長大，他對小肌肉的控制發展成熟，手眼協調，幼兒便會隨意塗鴉，學寫字。這種隨意寫字行為常被視作為發展其自我意識的一種表達方法。

每位幼兒有其獨特性，每人個別發展的速度也不同。**一般來說，兩歲多的幼兒已可以開始執筆塗鴉，家長開始為他們選擇合適的筆。**筆應是粗短大枝的蠟筆或無毒的麥克筆。他們用整隻手掌握筆，在紙張上亂塗。家長宜鼓勵幼兒隨意畫線條、畫畫、塗寫、直線、曲線、交叉線，也可為他們準備小簿子，又或用大張紙貼在小桌上或幾張大紙貼在牆上，讓幼兒塗鴉，隨時隨地讓他們做個小畫家。但這並不表示他們已進入寫字階段，家長不應強迫他們寫字端正。

幼兒到了約四歲，手部肌肉才有力執筆學寫字，這也要視乎幼兒的個別發展，有些早在三歲半已能執筆寫字，有些則遲至五歲。培養幼兒的寫字能力，並非一朝一夕的事，而是孩子在日常生活中逐漸學習的成果。家長可在家中設置寫字小書桌、圖畫簿、白紙、印台、作品展示地方。家長可向幼兒示範正確的坐姿，特別要留意眼睛和桌子的距離。

1.2 塗鴉和繪圖：幼兒開始用筆表達他的想法

幼兒塗鴉，可以是胡亂塗寫，但他們記下的符號和圖畫，是他們對事物所得的印象和表達他們的想法。幼兒寫字前，通常不知不覺中都有文字覺察的能力。幼兒產生文字覺察的特徵，包括：

- 注意到大人能寫字

- 環境文字

幼兒由塗鴉開始，然後畫線條和畫圈圈，到創作符號。過程一般是由斷斷續續小線條到完整形狀、符號，後來演變為圖畫。有些家長會讓小朋友學畫畫，這是為幼兒寫前作出的準備。家長宜鼓勵幼兒隨意畫線條、畫畫、塗寫、直線、曲線、交叉線，也可為孩子準備小簿子，隨時隨地讓他們做個小畫家。繪畫是幼兒練習寫字的重要基礎。

2. 怎樣培養孩子的寫字興趣？

2.1 寫字前的活動

怎樣幫助幼兒做個小畫家？家長可多為幼兒作寫前準備，寫前準備包括要多讓幼兒進行手臂與手指的協調、手眼協調和肌肉控制的活動，例如接球、拍球、砌積木等等。過早讓幼兒學寫字是不符合幼兒的發展。

幼兒會自創各種符號和文字，他的創作有別於傳統文字，但不是胡亂創造，而是有意思的創作。筆者曾遇到這樣的個案例子，一位小男孩能自創巴士上不准飲食的符號（見圖一）。

圖一

男孩畫的符號很特別，它有既定的規範，圓圈內加橫線表示「不准」的意思，例如「不准吸煙」和「不准進入」等標誌也有類似的符號。但男孩卻並未能記起細緻的圖案，所以他根據「不准飲食」的意思，加上自己的理解，畫上了蘋果和紙包飲品，一是食物，一是飲品，這正符合「飲」和「食」的意思。真是佩服他的創意！

兒童通過大腦接收某些信息、處理信息時會自動尋找相同的和不同的，腦袋開始建立複雜的系統。畫圖的孩子能記憶相同的符號，就是「不准」的符號，其他忘記的便根據自己的意思來設計。

孩子自創的符號是一種書寫的行為，正顯示他已懂得使用書面的方式來表達信息。畫的符號，是孩子從日常生活中觀察文字符號所獲得，他甚至可根據記憶，將它們加以變化和創作。

2.2 幼兒寫字要注意的地方

幼兒由塗鴉到學寫字，都是自然的發展，不是一蹴而就。香港特別行政區政府教育局課程發展議會編訂的文件提出學前教育工作者不應期望四歲以下的兒童能夠寫字；而兒童每次寫字、詞或句子，分量應適當，切記不可過多。若然要幼兒寫字過多，可能令他們沒有興趣寫字，學習效果又怎會理想？

幼兒先學需要寫的字：自己的姓名、數目字，甚至是他常見的字，例如在圖書常見的字有牛、羊、山、樹、小鳥、花朵、太陽、月亮、天空等等。他們會容易掌握較熟識的詞語，寫的文字是由淺入深。幼兒樂於寫他喜歡的字，例如：公園、游水、花朵等。家長可能會認為「游水」很難寫，但是只要幼兒很喜歡「游水」，孩子到了四歲已能掌握手眼協調能力，發展了小肌肉，「游水」這詞語是難不到他，還會願意學寫呢！因此，家長幫助幼兒寫他喜愛的詞語，有助提升他們對寫字的興趣。

日本兒童教育家清水驍先生提醒我們在孩子對學習文字還不感興趣，還沒有學習的慾望時，不應強硬地要他學，拚命地填灌。他還指出假如你的孩子對學習文字的需求比別人遲一點，也不用擔心，不要著急，只要多加思考如何引發孩子的興趣，然後靜待「寫」的時機。清水驍先生的話很值得家長和教育工作者深思。

2. 怎樣培養孩子的寫作能力？

就讀幼稚園高班和初小的兒童，他們的口語表達能力已不錯，已懂得運用豐富的詞彙，但懂得寫的字卻有限，未必能用文字表達，那麼，我們可怎樣培養兒童做個小作家？最重要的是，鼓勵他們表達所思所想。兒童需要學習用圖畫、說話和文字表達出來。

首先要寫的題材應是以兒童的興趣為依歸，切忌限制他們創作。題目不應純粹是成人感興趣的，應是以兒童覺得有趣的題目和他們想要寫的內容。若兒童不懂設訂題材，我們可給予他們創作的範圍，例如：公園、家中、學校、旅行等。請孩子畫圖畫表達意思，繪出他們心中所想。

大多數兒童都喜歡畫圖畫，他們會根據圖畫內容說出想法。家長須將他們的口語轉化為文字，幫助他們書寫。遇上孩子不懂寫的詞語，家長可從中幫助，將它變成一句子，寫在圖畫下面，就像孩子看的圖書一樣，協助他們成為小作家。圖畫加上文子的解說，就是兒童表達自己所思所想的作品。

在寫作過程中，兒童往往最感困難的地方，就是要是將口語轉化為書面語。要把口頭語言轉化為書面語，需要一種工具，這工具就是文字。因此，家長在孩子的寫作過程，要幫助他們運用文字表達自己的想法。家長可提供詞語，**幫助他們作句**，提示他們運用四要素（時間、人物、地點、發生的事情）說出故事。從說到寫，從述到作，家長可循序漸進提供協助。

家長只是將孩子要說的話，好好地組織起來，將它寫成文字。其實在畫圖寫話的過程中，兒童已有意無意地學習了書面語。下圖是知樂小朋友畫的畫。

知樂小朋友畫的畫

　　當孩子完成畫畫，家長可請孩子說說圖畫代表什麼意思，然後將孩子所說的重點轉化為簡單的文句，和孩子逐句寫下來。若有些詞語是孩子能寫的，就讓他們自己寫。以下是知樂小朋友寫的作品。

> 今天是晴天，兔媽媽和小兔到貓公園遊玩。
> 兔媽媽先購票，將手袋放在儲物箱，然後和小兔進入公園。

　　完成作品後，家長可和孩子一起朗讀。不管是短短一句的創作，或是將幾句寫成一小段（視乎孩子的語文程度），這全都是孩子所想的。孩子看到自己的作品，都會很喜歡朗讀。因為這些閱讀材料，是孩子參與創作的，內容是孩子的意念，這能引起他們繼續寫作的興趣。

除了跟孩子畫畫寫作，家長也可考慮多利用坊間的點讀筆產品，有些點讀筆具備錄音功能，例如《新雅幼兒互動點讀圖典及拼字套裝》，此產品內附有錄音貼紙，讓家長可好好利用點讀筆，靈活地跟孩子一起製作獨一無二的發聲書。

家長可以跟孩子一起畫畫和寫作故事，並利用點讀筆的錄音功能及錄音貼紙，把文字句子錄下來，製作出屬於自己的點讀錄音。只要將錄音貼紙貼在孩子創作的文字和圖畫旁，就變成了有聲的文字。

家長可以鼓勵孩子多進行創作，把孩子的作品收集起來，假以時日，孩子便能擁有一本會發聲的圖畫故事書，在不知不覺中成為一位小作家了！當兒童有了這份創作的成功感，自然會對文字寫作產生興趣。

《新雅幼兒互動點讀圖典及拼字套裝》（由新雅文化出版）

專為兩歲或以上的幼兒而設，結合「聽」與「學習」，讓幼兒從點讀字詞和玩遊戲之中，加強兩文三語的認讀、拼字和自學的能力。一套包含1枝點讀筆、1本圖典、拼字遊戲卡、DIY個性化錄音貼紙、1張ABC歌曲海報，以及首批限量附送的鋼琴卡和鼓卡。

給家長的話 💕

聽、說、讀、寫四個範疇中，兒童「寫」的能力是較遲發展。若然家長急於要幼兒寫字，可能令他們沒有興趣寫字，效果適得其反。由塗鴉、畫線條、畫圈圈、畫圖畫，到寫字和寫作都是兒童的發展階段。家長不妨陪伴兒童經歷這些階段，鼓勵和幫助他們學「寫」，見證他們成為小畫家和小作家。

個案一：孩子抗拒寫字，怎麼辦？

　　二歲的寶寶開始執筆，只是隨意在紙張上亂塗，斷斷續續畫短線條。媽媽見了，立刻執着小手，教他寫「一」字。媽媽不斷執着孩子的小手重複地寫，要求孩子將線條畫成直線。寶寶掙扎了一會，立刻將筆掉下來，不想被人執着小手，顯得很不耐煩。若媽媽繼續堅持執着孩子的小手，正襟危坐不斷重複地寫「一」字，孩子會放聲大哭。

重點分析

　　兩歲的寶寶有這樣的反應是正常的，因為幼兒手眼協調和肌肉控制的發展仍未成熟，所以要求他們寫「一」字是困難（並不是「一字咁淺」）。家長不應操之過急要求幼兒開筆。**幼兒的執筆與小肌肉控制的發展是相關的。家長不宜對幼兒有過分的要求。**若幼兒總是寫不到，達不到父母的要求，他們會有挫敗感，失去對寫字的興趣，令他們對寫字生厭。

　　幼兒多作手眼協調和小肌肉控制等活動，可為日後的寫字作準備。過早讓幼兒學寫字是不符合幼兒的發展。家長可為幼兒作寫前準備活動，例如和幼兒穿珠仔、玩紙黏土、堆泥沙、按鈕玩具、貼紙手工、砌圖等活動。隨着寶寶日漸長大，可以準備大張紙貼在小桌上或幾張大紙貼在牆上，方便他們塗鴉，為他們日後寫字鋪路。若幼兒手眼協調和肌肉控制得宜，畫直線和寫字只是遲早的問題。

個案二：砌積木遊戲對孩子的語文學習有何幫助？

　　四歲的峰峰喜歡砌積木，在餐枱上砌自己喜愛的火車、小屋、花園、遊樂場。今天，峰峰很用心砌了一座小堡壘。媽媽煮好飯，要求峰峰收拾積木，清理餐枱，準備一家人晚飯。他很捨不得將自己的製成品拆下。峰峰左思右想，小眼睛凝望小堡壘，但媽媽卻只顧要求峰峰收拾積木。

重點分析

　　最理想解決方法是幼兒有自己的書桌，可作砌積木。但家中面積小，幼兒並沒有自己的書桌，媽媽不得不要求他儘快拆下小堡壘，家人才可用餐桌。若媽媽不理孩子的感受，將幼兒的小堡壘拆下，孩子一定很不服氣，而且很憤怒。建議媽媽可把握時機，請孩子在圖紙上畫下製成品，並和他寫上製成品的名稱，例如，彩虹小堡壘。讓孩子明白圖畫和文字可幫助記錄，他們從記錄中能加深對文字的認識，同時也學懂了相關的詞語。

　　幼兒進行砌積木遊戲可以幫助訓練孩子的手眼協調發展。家長平日也可以鼓勵孩子將積木的製成品繪畫圖畫，最後寫上文字，其實都是寫字的重要里程。幼兒繪畫需時，媽媽須預留時間給他。幼兒雖然未能運用文字，但卻能用圖畫表達，為後期寫作鋪路。

個案三：怎樣幫助孩子適應寫手冊？

　　剛升上小學一年級的兒童，遇到很多適應小一生活的問題，其中最大的問題是寫手冊。讀幼稚園時，孩子不用做那麼多功課，也不用寫手冊，記錄明天要帶的書本、用品、練習和要交的功課。雖然老師有足夠時間讓全班學生寫手冊，但有兒童寫得很慢，當老師問同學：「大家都寫完嗎？」有些孩子環顧周邊的同學已寫好了，不敢向老師表示自己未寫完，只好佯裝已經寫好手冊，繼續上課。當回家後，媽媽打開手冊，卻發現手冊寫得不清楚，很多遺漏的地方，只好打電話詢問其他家長。

重點分析

　　初小兒童寫得很慢，家長在孩子入讀小一前，應告訴他寫手冊的情況，讓孩子有心理準備。媽媽打電話詢問其他家長的做法可即時知道孩子手冊漏寫的部分，但長遠而言，家長必須引導兒童自己完成寫手冊。家長可教導孩子寫手冊常出現的詞語，例如：作業、默書、工作紙、抄詞語，練習等等，以便他們順利過渡小一。家長又可和老師聯絡，提出孩子寫手冊的問題，好讓老師多照顧孩子的需要。

活動一：打保齡

活動目的：訓練孩子的手眼協調

　　學前階段的幼兒可進行什麼親子活動幫助他們學寫字？和幼兒打保齡球可以幫助他們學習手眼協調，為他們日後寫字作準備，是一項有益身心的親子活動。

遊戲方式：

跟孩子快樂進行運動：家長可以購買兒童保齡球玩具。家長可以將小型保齡球樽排列成三角形，由上而下，第一行放四個保齡球樽，第二行三個保齡球樽，第三行兩個保齡球樽，最後一行放一個小樽。家長先作示範如何拿起球打保齡，有了家長的示範，幼兒很容易學習。當幼兒打保齡，家長應鼓勵他們對準目標，和重整排列保齡球樽。媽媽又可預備簡單的打球紀錄紙，和幼兒一起數數打倒的小樽，然後作記錄。這樣也加強幼兒數數和寫數字的能力。

訓練幼兒的手眼協調：這種遊戲可以訓練幼兒的手眼協調能力。當幼兒拿起球推向保齡球樽，再拾起打跌了的保齡球樽和家長一起排列，這些過程是需要手和眼的配合，小肌肉的控制，有助日後執筆寫字。

活動二：創作符號和製作清單

活動目的：培養孩子的創造力和表達能力

幼稚園階段的兒童喜歡畫圖和填顏色。家長可與幼兒一起設計圖畫和標語。不要看輕兒童的創作能力，他們的小腦袋有無窮的想像潛能。

遊戲方式：

設計符號：家長可以跟孩子學習把家中常見的物品進行分類放在不同的箱子裏，例如：把物品按種類分類（水果、文具、玩具）、其屬性（能吃的或不能吃的）。請孩子觀察物品的特徵，以畫圖畫、文字來標示，並貼在各類物品上，然後請孩子以完整句子表達分類的方法。遇有孩子不懂寫的詞語，家長可以幫忙寫下來，讓孩子認讀字詞。

製作清單：家長可以跟孩子模擬在不同的活動場景，列出生活上所需的常用物品，藉此提醒孩子出門時帶備上興趣班所需的用品。例如，請孩子畫出自己在繪畫班會用到的物品，例如畫簿和顏色筆，並貼在大門前，讓孩子學習出門前收拾帶上。

在製作繪畫清單的過程中，不但可以加深孩子對日常家庭用品的認識，而且可以從生活經驗中學習分類。在去超級市場購物前，家長也可以先跟孩子討論要購買什麼食物或用品，然後請孩子畫出清單，例如肉類、蔬果或零食。

活動三：自製繪本

活動目的：培養孩子的創造力和寫作能力

　　初小階段的兒童喜歡繪畫，家長可以多花心思培養孩子透過繪畫圖畫，並加上簡單文句表達所想，培養孩子的創造力。這有助奠定日後寫作能力的發展。

遊戲方式：

觀察孩子喜愛的主題： 鼓勵孩子以圖畫和文字表達喜歡的事物。孩子大多喜歡動物，例如女孩子喜歡貓或狗。當孩子畫了貓咪的圖畫時，家長可以引導孩子說出畫中動物的外型特徵。然後，家長可以嘗試延伸主題，請孩子發揮創意，形容她眼中該動物的性格，並以它為主角，畫出一個小故事，培養孩子的寫作興趣。

鼓勵孩子創作圖畫繪本日記： 除了鼓勵孩子創作故事，家長可以培養孩子從生活體驗，以圖畫記錄生活。當孩子和爸媽到郊外遊玩，可以讓孩子將這一天的行程畫下來，以時間來分主題，包括：早上、中午、黃昏和晚上，請孩子分別畫出四幅畫記錄當天發生的事情、所到的地方和進行的活動。家長可以從旁指導，跟孩子一起在圖畫下面寫上句子。當孩子在解說圖畫的意思時，應嘗試用完整句子說出時間、地點和人物。而家長可以適當地幫助孩子由口語轉化為文字，但要避免主導創作，必須以兒童的興趣和想法為依歸。

第七章

結語：常見的疑難

第七章：結語：常見的疑難

1. 培養兒童的語文能力和語文涵養，哪個更重要？

「語文能力」和「語文涵養」都是兒童須具體培養的「語文素養」。「語文素養」是指兒童的知識、能力、情感態度和價值觀等語文整體的綜合表現，是學生須經長時期語文學習所得的學養。「語文素養」是近年學習語文的熱話，它是現在和未來中國語文教育的核心價值和方向，所以培養兒童「語文素養」對他們學習語文是很重要的。那麼，在語文素養中，培養兒童的語文能力和語文涵養方面，哪個更重要？我們先來了解兩者的區別：

• 語文能力：兒童的語文能力需經過多年時間學習累積所得，可從聽、說、讀、寫範疇上評估孩子的語文運用能力。

• 語文涵養：兒童在語文學習修煉過程中所得的內隱「涵養」，包括對學習語文的興趣、態度、習慣和文本背後所表達的價值觀等綜合素養。

對幼兒和初小學生而言，雖然培養兒童的語文能力固然重要，但是也不能忽略培養他們語文涵養，兩者是同樣重要的。很多家長認為培養兒童「語文能力」很重要，較忽略培養他們的「語文涵養」。家長應注意要同時培養兒童的語文涵養，以便兒童順利過渡小一。

1.1 語文能力

本書第二章描述了俊俊黃金八年的語文能力的發展。家長必須理解兒童由幼稚園畢業的語文能力到初小語文能力並不是一蹴而就，孩子的語文能力是經過多年時間的學習累積。下文是概括論述兒童幼稚園畢業階段的語文能力，以及升上初小在聽、說、讀、寫四大範疇上語文能力的主要改變，從而提出幫助兒童順利過渡小一的建議。

a. 聆聽範疇

就讀幼稚園高班的兒童已能聆聽別人的話語，他們已有一定的聆聽能力。到了初小階段，兒童能專心聆聽別人的話語，更能理解和記憶重點。換言之，加強培養兒童專注力有助他們順利過渡小一。家長可透過玩傳話遊戲，培養孩子專心聆聽別人的話。家長又可讓孩子聽故事之後，以簡單的句子複述故事，加強他們的專注力。

b. 說話範疇

雖然幼稚園高班的兒童說話有時會語法顛倒，但大致上說話已很流暢。初小的兒童已能說話表達清楚，能夠清楚詳細描述事件及個人經歷。家長可以豐富孩子的詞彙，加強培養兒童的表達能力，有助他們順利過渡小一。

在日常生活中，家長可請孩子描述剛看過的圖片，或剛看見的景物，這有助訓練孩子直覺的記憶，這是鼓勵孩子集中精神學習的好方法，同時也能加強兒童的表達技巧。如果孩子錯誤運用詞彙，家長可多加糾正，以豐富他們的詞彙。

c. 閱讀範疇

幼稚園高班兒童閱讀的圖書，主要以圖畫為主，字數較少。孩子已能討論故事主題相關知識，甚至對故事內容提出問題。初小兒童的中文教科書，圖畫較少，文字數量逐漸增加。由幼稚園畢業至升上小一最大的困難是閱讀文字多了。要幫助孩子順利過渡小一，就必須讓他們喜歡文字，從而喜愛閱讀。閱讀能提升兒童的語文能力，同時也可以培養他們的語文涵養。

d. 寫作範疇

幼稚園高班的兒童已能抄寫數字及簡單的中、英文字詞，也能繪畫。初小的兒童運用文字的機會多了，由填充詞語到學習作句。由幼稚園高班的兒童寫字到初小的兒童寫作，實在是一個挑戰。家長可鼓勵兒童多繪畫，並在繪圖旁加上詞彙、句子，令他們喜歡寫字和表達。

兒童最感困難的，是將口語轉化為書面語。要把口頭語言轉化為書面語，運用文字。家長可以幫助孩子利用文字表達自己的想法。在「寫話」的過程中，兒童已有意無意地學習了書面語。

很多家長因擔心小朋友認識太少字詞而影響他們小一的學習，便強迫小朋友在入讀小一前不求甚解地生吞活剝的背書、識字。甚至是不求甚解地和幼兒背書。有些家長甚至會教導孩子小一的教科書內容和默書，務求提升他們的語文能力。其實，這可能會為兒童帶來不必要的學習壓力。

1.2 語文涵養

語文涵養是對學習語文的興趣、態度和習慣，學習文本背後所表達的價值觀等綜合素養。培養兒童的語文涵養是非常重要的，有了學習語文的興趣和閱讀的習慣，有助他們終身學習，這對他們日後的成長有一定的幫助。

a. 培養學習語文的興趣、態度和習慣

有些幼兒最初對書本沒興趣，和父母共讀時總是左顧右望，渾身不自在。請家長不要在早期便立刻放棄和兒童共讀！隨着幼兒的自然發展和專注力的發展，孩子漸漸不抗拒閱讀，繼而對閱讀產生好感。幼兒沉浸在共讀活動能幫助培養他們的語文涵養。

培養閱讀的興趣、態度和習慣是很重要的。透過閱讀，可使小朋友在不知不覺中識字，擴闊他們的知識。閱讀能力並不是天生的，是要慢慢培養的。家長可和小朋友一起閱讀，要培養他們養成閱讀習慣。

根據美國一項調查，接近八成（79%）的母親常和小朋友閱讀，他們小一的學業成績表現會較佳，可見閱讀對學習的重要性。

b. 培養正確的價值觀

兒童常閱讀故事和兒歌。家長應善於運用故事和兒歌的情感因素，讓孩子在閱讀欣賞過程中感到愉快，獲得更多的美感體驗，在潛移默化中培養兒童的正面價值觀。

故事和兒歌的內容越能貼近孩子們的夢境和純潔的心靈，正能反映對人生美好的期盼。兒童隨着年齡的增長、閱歷也豐富了，這種植

根於故事和兒歌「向善、厭惡」的審美意識將會逐漸明朗，直至兒童長大成人，故事和兒歌使他們在心靈中仍保持一份童年的純真，以及對美好事物的追求。兒童從閱讀中理解世間許多美好的事物，令他們深受故事的薰陶，這有助培養兒童高尚的情操和建立正確的價值觀，提升他們的語文素養。

零至八歲是兒童學習語文的黃金八年，其實培養兒童語文涵養更重要。原因是培養兒童學習語文的興趣、喜愛閱讀的態度和養成閱讀習慣能令他們終生受用不盡。試問一位小孩能愛上閱讀，主動閱讀，閱讀成了他生活的一部分，他的語文能力又怎會差呢？莫說是過渡小一，若他喜愛閱讀，長大後升上中一也問題不大。

2. 家長在兒童打好語文根基上扮演了什麼角色？

家長是兒童的語文學習的第一位啟蒙老師。本文是從「正、能、量、觀、點」五個字加以論述，讓大家更容易明白家長在幫助兒童打好語文根基上所扮演的角色。

2.1 「正」：給予兒童正面鼓勵的回應者

隨着歲月增長，兒童無論在說話、聆聽、閱讀、寫字範疇上都會日漸進步，家長們不要吝嗇對子女的稱讚，鼓勵孩子，讓孩子建立自信，充滿期待和更有信心地學習。家長給予孩子正面回應的方法很多，運用身體語言的有：舉起大拇指、微笑、點頭等；運用語言的有：直接具體稱讚和比較式稱讚（上次和今次兒童的自我比較）都能給與孩子正能量學習。

2.2 「能」：能幫助兒童從生活中學習的伙伴

家長是幫助兒童學習的靈魂人物，在日常生活中為兒童搭建棚架，最常見是家長幫助兒童從對話中學習。家長可在對話中了解兒童的已有知識，然後和他們介紹、示範、解説、探究新知識。例如約兩歲的幼兒見到食物，便會説：「爸爸吃。」意思是指他很想爸爸給他食物，但他認識詞彙有限，也未能説出句子。那麼爸爸可用完整句子作示範：「爸爸給你吃。」兩歲的幼兒立刻點頭。雖然他未能即時説出句子，但假以時日，聆聽爸爸説的句子多了，對他日後説出完整句子有一定的幫助。

家長是兒童接觸最多的人物，是能幫助兒童學習的伙伴。兒童很容易從周遭環境學習語文，他們日常所見所聞，已經可以為家長帶來很多設計親子活動的靈感。這些親子活動聯繫生活，讓兒童在不知不覺中學習，而且可以學得很快。例如家長和兒童吃壽司，吃完壽司後，鼓勵他們畫出喜愛吃的壽司和填色，然後家長幫忙寫上壽司的名稱。過了不久，他們就認讀了三文魚、蟹柳、鰻魚壽司等字詞。

家長在與兒童共讀故事書時，可多連結日常生活的相關事情、人物，甚至是待人之道。例如，故事中的小熊，與人分享食物。家長可提點兒童生活中也應跟小熊學習，樂意與人分享。

2.3 「量」：量力而行，與兒童建立盟約的訂定者

有時候家長須與兒童建立盟約，讓他們習慣遵守約定的精神，養成良好的習慣。兒童要守約，家長也必須兌現承諾，所以家長與兒童建立盟約時必須量力而行。

例如家長可和兒童一起訂定「共讀」的時間。家長工作雖然很忙，但仍可訂立與幼兒「共讀」的時間，可能只是每天短短十至十五

分鐘，但總是聊勝於無。「共讀」的成果要視乎家長和兒童能否共同遵守承諾，持之有恆地「共讀」。

「共讀」的時間安排最好是家長可和兒童都感到輕鬆和舒適的時間，時間不宜太長，以免兒童不耐煩。訂立盟約的好處是規定家長須與兒童在特定時間進行親子的語文活動。儘管家長有多忙，也應遵守與兒童建立的盟約。

2.4 「觀」：觀察兒童學習表現的旁觀者

俗語有云：「旁觀者清」。家長與兒童相處時間較多，可擔當觀察兒童學習表現的旁觀者，認識他們的學習進程。家長可從兒童的聆聽、說話、閱讀、圖畫、寫字中了解他們的想法。要多了解兒童，一切必須從觀察開始。觀察兒童的秘訣是，家長可多深入探討觀察所得，例如留意幼兒怎樣做？他怎樣說？怎樣思考？為何這樣思考？有了觀察和了解，家長便更明白兒童的想法。

2.5 「點」：點評兒童學習的評估者

很多家長都會稱讚兒童，但卻忽略評論他們錯誤的地方。其實，適當點評兒童學習表現是很重要的，因為家長的提點有助改善他們的學習。最常見是兒童寫字時的坐姿不正確，東倒西歪；閱讀時眼睛與書本的距離太近。家長須提醒兒童寫字時身體要端正，閱讀時眼睛和書本要有適當的距離。家長點評兒童的同時，也要以身作則，否則點評就難有說服力了。

3. 常見問與答

問 幼兒要上幼兒班，由於家人常叫他的乳名，所以當教師叫他全名或英文名時，他好像聽不見，怎辦？

答 家長最好在幼兒準備上幼兒班前兩個月，可多用全名或英文名稱呼孩子，讓他知道他的全名或英文名，好好適應，並作回應。

問 家長何時減少和幼兒說BB話？

答 所謂BB話，是家長用疊字和幼兒溝通，例如「去街街」、「搭車車」、「看燈燈」等，目的是令幼兒容易記憶。幼兒聽多了，加上他們善於模仿，自然能說出BB話。但當幼兒話語言能力提升了，懂得運用短句說話，家長便應減少運用BB話，讓幼兒學習正確的用語。

問 現在幼兒的圖書不便宜，如何能充分運用它？

答 圖書是可以跨年齡階段運用的。例如，同一本有圖畫和文字的書，對學前階段的幼兒，家長可和他看圖畫和說故事。當幼兒入讀幼稚園，家長可和幼兒朗讀故事的文字，請他說故事。上了小一，可請孩子嘗試延伸創作故事。若是一本有益身心的圖書，家長能充分運用，其實是物有所值的。

問 既然環境中圖畫和文字是那麼重要，那麼家長應和幼兒讀出環境中的文字，對嗎？

答 家長並非單是要幼兒讀出環境中的文字，也要他們認識詞義。家長可提示他們注意圖畫和文字的關聯性，例如商場中「歡迎光臨」四字旁有一隻卡通動物圖片，臉帶笑容，雙手張開，表示歡迎。家長可提醒幼兒留意卡通動物的表情和手勢，從而猜度詞義，然後家長和孩子一起正確讀出「歡迎光臨」。這種從圖畫中取得線索的做法，有助幼兒日後發展從線索中閱讀的習慣。

參考資料

1. 文英玲、湯浩堅、關之英、徐瓊玉及羅明新（2009）。《語文學習新動力，家長及培訓者手冊》，香港：香港教育學院。

2. 何敏，郭良菁（譯）（2002）。《早期語言與讀寫力的培養》，上海：上遠東出版社。

3. 李思敏（譯）（2010）。《幼兒學習與發展》，台北：心理出版社。

4. 李坤珊（2001）。《小小愛書人——0-3歲嬰幼兒的閱讀世界》，台北：信誼基金出版社

5. 李連珠（2006）。《全語言教育》，台北：心理出版社。

6. 李麗雲（2000）。《幼兒的語文學習活動》，香港：職業訓練局。

7. 李麗雯，嚴海燕（2011）。《開發孩子語文潛能》，香港：新人才文化。

8. 協康會「幼兒語文學習小組」（2013）《聽說讀寫百寶箱——幼兒語文學習家長手冊》，香港：協康會。

9. 林泳海，崔同花（2001）。《閱讀教學實驗的依據——全語言理論》，載於崔同花（主編）（2001）《幼兒全語言教學理論與實踐》，北京：科學出版社。

10. 國家教育委員會師範教育司編（1994）。《教師口語——訓練手冊》。北京：北京師範大學出版社。

11. 國家教育委員會師範教育司編（1996）。《教師口語》，北京：語文出版社。

12. 崔同花（主編）（2001）《幼兒全語言教學理論與實踐》，北京：科學出版社。

13. 張明紅（2000）。《幼兒語言教育》。上海：上海教育出版社。

14. 陳光（2010）。《早期的寶寶教育》，台北：紅螞蟻圖書有限公司。

15. 陳惠珍，蔡燈鍬（1992）。《兒童學前教育識字法》，台北：國家出版社。

16. 黃少君（2003）。兩歲幼兒的語言概況及語文經驗，載於陳莉莉、成子娟及林瑞瑛（2003）。《幼兒語文與數學》，頁9-32，香港：香港教育學院。

17. 黃瑞琴（1997）。《幼兒讀寫萌芽課程》，台北：五南圖書出版社。

18. 黃瑞琴（2017）。《幼兒的語文經驗》，台北：五南圖書出版公司。

19. 劉永慈（2007）。〈從幼稚園過渡小學的學習適應〉，《香港幼兒學報》，6（2），頁32-36。

20. 白華枝、張麗君、蕭佳純（2015）。〈影響幼兒語言能力之語文環境之跨層次分析，以家庭及教室語文環境為例〉，《當代教育研究季刊》，23（1），1-35。

21. 黃潔貞（2005）。《教得樂 語文樂》，於2005年12月18日取自資料來源。（http://www.emb.gov.hk/index.aspx?nodeID=4211&languno=2）

22. 課程發展議會編訂（2017）。《幼稚園教育課程指引遊戲學習好開始均衡發展樂成長》，香港：香港特別行政區教育局。

23. 課程發展議會編訂（2017）。《中國語文教育學習領域課程指引（小一至小六）》，香港：香港特別行政區教育局。

24. 簡楚瑛（編審）。簡楚瑛、陳淑娟、黃玉如、張雁玲及吳麗雲（譯）（2009）。《幼兒語文教材教法》。台北：新加坡商聖智學習亞洲私人有限公司台灣分公司。

25. Gopnik, A., Meltzoff, A. and Kuhl, P. (1999) *How Babies Think.* London: Weidenfeld and Nicolson.

26. Harris, T. L. and Hodges, R.E. (1995). *The Literacy dictionary: The vocabulary of reading and writing,* Newark, DE: International Reading Association.

27. Mason, J. (1981). *Prereading: A developmental perspective* (Tech. Rep. No.198). Urbana: University of Illinois, Center for Study of Reading.

28. Mason, J. (1985). *Cognitive monitoring and early reading: a proposed model,* in D. Forrest-Pressley,G. MacKinnon, T. Waller (Eds.), *Metacognition, cognition, and human performance,* (pp.77-101) Orlando: Academic Press.

29. Miller, S.(1991). *Learning through play Language, A practical guide for teaching young children.* New York: Scholastic Inc.

30. Vygotsky, L.S. (1978). *Mind in Society.* Cambridge, Harvard University Press.

新雅教育系列

從學前至初小，聽説讀寫怎樣教？

——把握0至8歲黃金期，讓孩子輕鬆學語文

作　　者：廖佩莉
責任編輯：胡頌茵
繪　　圖：Kyra Chan
美術設計：陳雅琳
出　　版：新雅文化事業有限公司
　　　　　香港英皇道499號北角工業大廈18樓
　　　　　電話：（852）2138 7998
　　　　　傳真：（852）2597 4003
　　　　　網址：http://www.sunya.com.hk
　　　　　電郵：marketing@sunya.com.hk
發　　行：香港聯合書刊物流有限公司
　　　　　香港新界大埔汀麗路36號中華商務印刷大廈3字樓
　　　　　電話：（852）2150 2100　　傳真：（852）2407 3062
　　　　　電郵：info@suplogistics.com.hk
印　　刷：美雅印刷製本有限公司
　　　　　九龍觀塘榮業街6號海濱工業大廈4字樓A室
版　　次：二○二○年六月初版

ISBN: 978-962-08-7503-8
© 2020 Sun Ya Publications (HK) Ltd.
18/F, North Point Industrial Building, 499 King's Road, Hong Kong
Published in Hong Kong
Printed in Hong Kong

鳴謝：
本書封面照片由Shutterstock 許可授權使用。
P.51, P.52, P.72及P.124由http://www.freepik.com. Designed by Freepik許可授權使用。
P.114 圖畫，由俊俊小朋友提供。
P.117圖畫，由知樂小朋友提供。